U0535093

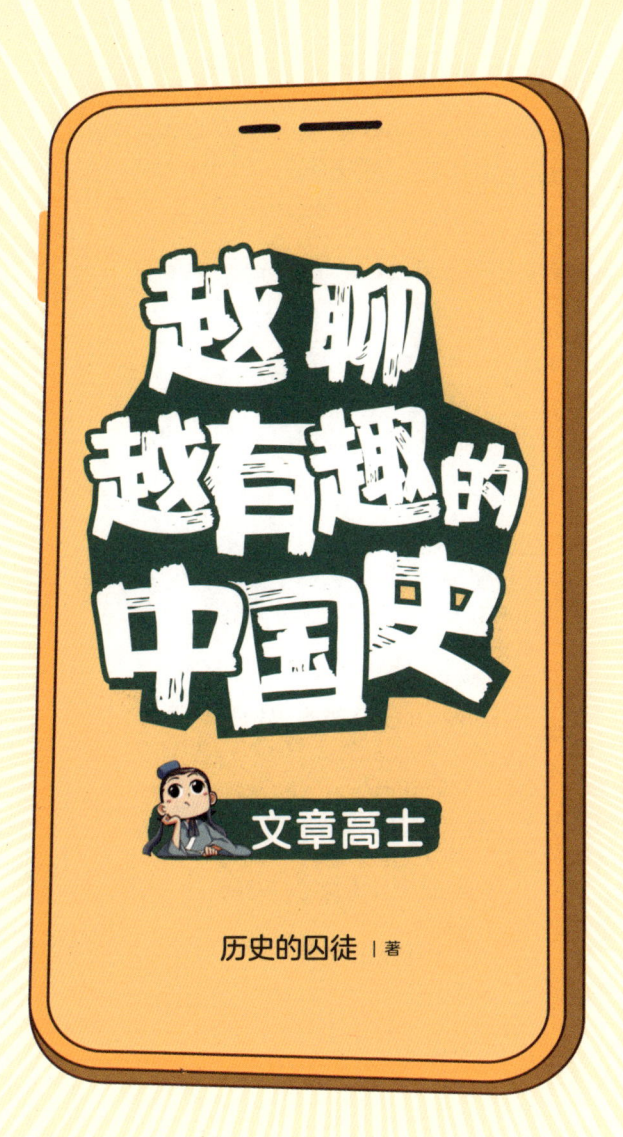

越聊越有趣的中国史

文章高士

历史的囚徒 著

青岛出版集团 | 青岛出版社

图书在版编目（CIP）数据

文章高士 / 历史的囚徒著. -- 青岛 ：青岛出版社，2025. --（越聊越有趣的中国史）. -- ISBN 978-7-5736-2903-6

Ⅰ. K825.4

中国国家版本馆CIP数据核字第2025TT1444号

YUE LIAO YUE YOUQU DE ZHONGGUO SHI · WENZHANG GAOSHI

书　　名	越聊越有趣的中国史·文章高士
著　　者	历史的囚徒
出版发行	青岛出版社
社　　址	青岛市崂山区海尔路182号（266061）
本社网址	http://www.qdpub.com
邮购电话	0532-68068091
责任编辑	初小燕
封面设计	今亮后声·小九
绘　　图	天津绘动漫设计有限责任公司
版式设计	郭子欧　王嘉仪
印　　刷	青岛双星华信印刷有限公司
出版日期	2025年5月第1版　2025年5月第1次印刷
开　　本	大32开（890mm×1240mm）
印　　张	6
字　　数	116千
书　　号	ISBN 978-7-5736-2903-6
定　　价	49.80元

编校印装质量、盗版监督服务电话：4006532017　0532-68068050
本书建议陈列类别：历史　文学　幽默

自序

诗酒人生

  在中国文化的浩瀚星空中，诗歌如同璀璨的星辰，穿越时空的长河，照亮了华夏儿女的心灵世界。无数文学家以其卓越的才华、深邃的情感和独特的艺术风格，构建了中华诗词的瑰丽殿堂。这些诗词承载着华夏儿女的情感与智慧，记录着时代的变迁与文化的传承。

  在浩瀚的文坛，有这样 10 位文学大家，他们以非凡的才情、深邃的思想、独特的风格，成为后世仰望的灯塔，照亮了中国乃至世界文学的殿堂。

  自古文人墨客多以诗酒为伴，抒发胸中块垒，吟咏世间百态。从先秦的朦胧深沉,到唐宋的兴盛繁华,再到明清的意境深远,中国诗词的发展历程如同一幅波澜壮阔的历史长卷,而这10位文学大家则是这幅画卷中特别鲜明的笔触。

比如屈原,这位战国末期楚国的诗人,以其《离骚》等作品,开创了"楚辞"这一文学体裁,成为中国浪漫主义诗歌的源头。他的诗,不仅是对个人遭遇的抒发,更是对国家命运的深沉忧虑,其忠诚与高洁如同汨罗江水,千古流淌。

再如"辞职达人"陶渊明,在混乱的东晋,他的"采菊东篱下,悠然见南山",描绘出一幅宁静致远的田园生活画卷,让人知道人生除了眼前的苟且,还有诗和远方。他的作品,是对自然之美的热爱,是对自由生活的向往,更是对心灵归宿的追求,影响了一代又一代文人的精神世界。

唐代的李白更是诗坛集大成者。他以超凡脱俗的才情,被誉为"诗仙"。他的诗，如长江之水，奔腾不息，既有"床前明月光，疑是地上霜"的细腻，也有"君不见黄河之水天上来，奔流到海不复回"的壮阔，展现了其狂放不羁的个性与豪迈洒脱的情怀。他与王维老死不相往来的故事，也让后人好奇，他们之间到底发生了什么？

李白从未老去，杜甫却从未年轻。他满心都是大爱，即使自己过得一地鸡毛，还忧国忧民，想让天下寒士居者有其屋。他的诗是历史的见证，也是人性的呼唤，其深沉的社会关怀，至今仍让人动容。白居易则是一位勇士。他总是在批评，在揭露，丝毫不考虑个人安危，一直战斗到 70 多岁去世。

在中国古代文学史上，唐诗与宋词是两颗璀璨的明珠。词坛巨匠苏轼是中国文坛的顶流，他是全才，综合了李白的仙气、杜甫的地气、白居易的勇气和王维的静气，这 4 股真气让他在不平坦的人生里，变得豁达，不滞于物。他的词，既有"大江东去,浪淘尽,千古风流人物"的豪迈,也有"但愿人长久,千里共婵娟"的柔情。他是中国人的心理医生和灵魂工程师,有着"古今不内耗第一人"的美誉。

辛弃疾之所以被列入这 10 位文学大家之列,是因为他的作品充满了激昂慷慨与乡间野趣,其最大的底色是爱国激情。他的《青玉案·元夕》等作品,既表达了对收复中原的强烈愿望,也流露出对个人命运的无奈与感慨,是词中难得的"英雄之声"。同样心念北伐的还有南宋诗人陆游,他的"王师北定中原日,家祭无忘告乃翁",表达了对国家统一的深切渴望,展现了深沉的家国情怀。

这 10 位文学大家,每一位都是情感的巨匠、思想的探险者。他们以笔为舟,以墨为海,遨游于天地人间,将个人的悲欢离合、国家的兴衰成败,以及对自然宇宙的无限感慨,化为行行诗句,可谓字字珠玑。

除了他们，中国文坛上还有无数颗闪亮的星星，比如柳永的词，通俗易懂，富有生活气息，展现了市民生活的生动画面；杨慎的《临江仙》，历史沧桑与人生哲理交织，引人深思；纳兰性德的山水词，清新自然，深情细腻，如同一幅幅精致的水墨画，展现了清代词坛的独特风貌。

　　他们的人生与作品，真是写之不尽，是我们永远的精神之钙。

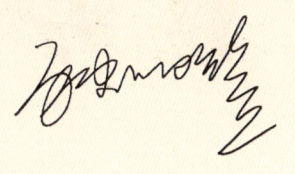

目 录

屈　原： 悲情的爱国诗人　　　　　　　　001

司马相如： 辞赋之宗　　　　　　　　　019

陶渊明： 偶像们的偶像　　　　　　　　037

李　白： 此人只应天上有　　　　　　　055

杜　甫： 洒向人间都是爱　　　　　　　073

王　维：	安静王子	091
白居易：	勇者无惧	109
苏　轼：	将逆境踩在脚下	127

陆　游：	爱国诗人	143
辛弃疾：	左手拿剑，右手执笔	159

越聊越有趣的中国史·文章高士

屈原：悲情的爱国诗人

1

屈原(公元前340年—公元前278年),战国时期楚国诗人,名平,字原。这是一位令后人敬佩的浪漫主义诗人。

他的出生地是楚国丹阳(今湖北秭归)。说起来,他还有王室血统,其先人屈瑕是楚武王熊通之子。

屈原的作品风格非常鲜明,即富有激情和豪情,写尽了一个人对自由、爱情的向往,对人生的深入思考。

他的代表作有《离骚》《天问》《九歌》等。

在屈原以前,诗歌基本上是集体创作的产物,典型如《诗经》。屈原之后,诗坛个人作品层出不穷。

知识点

《诗经》

中国文学史上第一部诗歌总集,简称《诗》,或称"诗三百",收录西周初期至春秋中叶间的诗歌305篇。《诗经》有"六义",即"风、雅、颂"3种诗歌形式与"赋、比、兴"3种表现手法。

众所周知,李白是"诗仙",杜甫是"诗圣",白居易是

"诗魔"，但被誉为"中华诗祖"的，只有屈原。

后世的陶渊明、李白、苏东坡、李清照等人，在文学创作上均深受其影响。近代学者梁启超甚至首推屈原，称他是"中国文学家的老祖宗"。

其实，屈原最让人称道的，是他是一位爱国者，作品里处处可见他对祖国的热爱与歌颂。

因为爱国，在楚国国都被攻破后，他果断选择投江而死。

他戴着高高的青色鹅冠，头发一丝不乱，眼神坚贞不屈的形象，永远留在了人们的心中。

他为何要选择自杀？真的没有其他路可走了吗？

对于感觉一切希望都破灭的屈原来说，这完全是不得已的选择。他至死都不愿意离开楚国。

人终有一死，或重于泰山，或轻于鸿毛。

…………

其实，谁都畏惧死亡。让我们回到公元前278年初夏的汨罗江。

那天，微风吹得人煞是舒爽，有两秒钟，屈原曾质疑自己的选择。

是啊，世界没那么美好，可它还是值得爱的。

下水之前，他在江边思考了整整3个小时。

其实，严重的睡眠障碍综合征已经折磨这位文豪大半年了。

他的左手按在剑柄上，那把宝剑让他觉得安全，但它并不是摆设。

在他只有10多岁的时候，他就组织童子军，与众乡亲一起抵抗敌人。

自古以来，保卫家园就是一个人最宝贵的品质之一。

可是，对于楚国的未来，他没有信心。

他不想看到楚国灭亡的那一幕。他想了个办法——用自己的死亡来警醒大家。

62 岁已算高寿，再这样下去，精神必然崩溃。

他哪里知道，自己果断赴死后，被打上了很多标签：爱国诗人，道德楷模，政治家、法学家、预言家、书法家、美学家，大帅哥……

他下水的时候，江水有些湍急。

他主意已定，伸展双手，宽大的衣袖也随风展开，看起来就像一只飘飘欲飞的大鸟。

他打了一个趔趄，赶紧屏住呼吸。停了一两秒后，他抱起一块大石头。

一步，两步，三步……他无比坚定地走向江水中央。

又过了一会儿，江水淹没了他的身影。

2

我们来看看屈原到底有什么委屈。

他是一个好学的人，小时候常躲在山洞里偷读《诗经》。整整 3 年时间，他沉醉其中。这应该是他对文学最初的热爱。可以说，如果没有《诗经》，就没有《离骚》。

受那些文学作品的影响，他想建功立业，为国家和百姓做点儿有益的事情。

他所在的楚国位于长江流域，强大、富有，而且有着深厚的文化底蕴。

据史料记载，楚国第一代国君熊绎就是一名文学爱好者。楚惠王时期，楚国进一步繁荣富强，成为"战国七雄"之一。经过楚宣王、楚威王40余年的发展，楚国成为鼎盛的大诸侯国，其他诸侯国不敢轻易得罪楚国。

但世事就是如此，盛极必衰。

到楚怀王和楚顷襄王的时候，楚国开始走下坡路，后来在内政外交上一团糟。

而此时，一个强国正在崛起，它就是秦国。

秦国与楚国一直不是很友好，战事不断，互有胜负。后来，秦军攻破郢都，楚国被迫迁都。

屈原就是生活在楚国走向衰亡的这个阶段，这也是造成他人生悲剧的根本原因。

本来有屈原这样既伟大又忠诚的政治家，楚国不至于那么快灭亡。

之前说过，屈原有背景有才华，20多岁就做了左徒，这是个很重要的位置，相当于副宰相。难得的是屈原知晓民间疾苦，能够把国家发展和百姓利益协同考虑。

楚怀王一开始也想励精图治，重用屈原革新。屈原主张以仁爱之心治国，设计的改革路线图也很完美。

但是，中国历史上的改革都是困难重重的，因为改革意味着利益的调整，一定会受到旧势力的攻击。

可惜的是，屈原遇到的并不是明君，楚怀王不是一个坚定的支持者。在楚国旧贵族的谗言下，他疏远了屈原，并免

屈原：悲情的爱国诗人

> 为什么历史上的改革总是失败？

> 保守旧势力的能量，总是超出我们想象。

楚怀王

屈原

去其左徒之职。

如果楚怀王不是那么昏庸，让屈原施展自己的政治才华，那楚国的历史很可能改写。

但是，历史没有如果。

当时天下出现了很多有才华的谋士，他们中有的人很幸运，比如在秦国为相的张仪。

知识点

张仪

张仪，魏国人，是战国时期的政治家、外交家和纵横家。公元前328年任秦相。他以智慧和口才著称，善于运用外交手段，采用连横策略，游说各诸侯国服从秦国，离散其他诸侯国的联盟，为秦国在战国时期取得优势地位做出了重要贡献。公元前309年去世。

屈原满怀"存君兴国"之志，却唤不醒昏庸的国君。救国无门的他将满腔的热情化为文字。

在这期间，他的文学创作进入丰盛期，代表作是我国古代最早、最长的抒情诗《离骚》。

"离骚"，旧解释为遭忧、离愁，近人也解释为牢骚。《离骚》全诗共373句，2490个字。在诗中，屈原抒发了忧国忧民、为追求真理宁死不屈的献身精神。其中有些名句是大家非常熟悉的。

——惟草木之零落兮，恐美人之迟暮。
——乘骐骥以驰骋兮，来吾道夫先路！
——长太息以掩涕兮，哀民生之多艰。
——亦余心之所善兮，虽九死其犹未悔。

当然，最著名的还是这句："路漫漫其修远兮，吾将上下而求索。"

《离骚》在中国文学上具有崇高的地位，鲁迅赞其"逸响伟辞，卓越一世。世人惊其文采，相率仿效"。

如果屈原就此告别政坛，他的人生也算圆满。

可惜，屈原后来重新出仕，这缘于他放不下楚国。

结果他还是没有遇到明君。屈原再次遭到迫害，楚顷襄王听信谗言将其放逐。这一次，他被流放长达16年。

听到楚国国都沦陷的消息，痛苦的屈原再也无法忍受，只能以殉国来表明自己的志向。

他投江的那天是端午节，农历的五月初五。

有个人也是五月初五被投入江中的，他是伍子胥，也是楚国人，同样被昏君不喜。

3

屈原去世之初，并没有多少人认识到他的价值。

有好事者说，当年屈原被大量楚兵追杀，流传至今的赛龙舟和包粽子暗示了当年的追杀情景。

赛龙舟隐喻楚兵追杀屈原的激烈场面，包粽子意味着他被装在麻袋中投入汨罗江，粽子上的绳象征着捆扎的绳索。

这无疑是对屈原的污蔑和矮化。

历史学家司马迁高度评价屈原。他认为屈原"正道直行"遭到诽谤和打击是很不公平的。他在《史记》中，热烈歌颂了屈原的爱国精神、政治才能和高尚品德。

屈原去世多年后，他的价值被进一步挖掘，因为他有了几个重磅粉丝。

淮南王刘安算一个，汉武帝刘彻是一个。将《楚辞》发扬光大的，是西汉皇族刘向。

刘向（公元前77年—公元前6年）是著名经学家、文学家、目录学家。他有着坚定的政治立场和高尚的品德。

在汉元帝时期，刘向因得罪宦官和外戚，两次入狱，并被贬为庶人。

等到汉成帝即位时，他才被再度起用。

这位才子一生写下了 30 多篇辞赋。他编订的《战国策》是研究战国时期历史的重要资料。

因为身份相似，仕途同样坎坷，这两位不同时代的人似乎有更多的共同语言。

刘向热情地向世人推荐屈原，在《新序·节士》中，刘向将屈原与比干、申包胥等人相并列，将屈原认定为"忠臣形象"。

在《九叹》中，刘向也表达了对屈原及其作品的由衷赞赏。

再后来，屈原不断收获天王级的粉丝，比如苏轼。

苏轼比屈原晚出生 1300 多年，但显然前者很懂后者。

他在《答谢民师推官书》中赞叹，《离骚》"虽与日月争光可也"。他还说，"楚辞前无古，后无今"。

1059 年，苏轼 22 岁，随父亲苏洵北上，中途专程到屈原庙祭祀，触景生情，含泪写下《屈原庙赋》。该文章成为赋学史上独树一帜的作品。

屈原庙赋（节选）

浮扁舟以适楚兮，过屈原之遗宫。

览江上之重山兮，曰惟子之故乡。

伊昔放逐兮，渡江涛而南迁。

去家千里兮，生无所归而死无以为坟。

这篇文章里，满是苏轼对屈原的景仰和赞美。

人类世界上，精神高度一致的人，会惺惺相惜，互相理解。

2000多年后，我们读到屈原时，也要思考：屈原当年为何自沉汨罗江？我们应该学习他的什么精神？

如果我们还是迷惑不解，那他当年就白白失去了自己的生命。

穿越的微信大剧场

< 　　　聊天信息（111）

| 屈原 | 楚怀王 | 郑袖 | 张仪 | 宋玉 | 伍子胥 |

| 屈瑕 | 黄歇 | 逢侯丑 | 秦惠文王 | 苏秦 | ＋ |

查看更多群成员 ＞

群聊名称	死亡也可以很美 ＞
群二维码	＞
群公告	＞
备注	＞
查找聊天记录	＞
消息免打扰	●

退出群聊

死亡也可以很美（111）

屈原
@楚怀王 大王知道我有多么爱楚国吗？

楚怀王
知道你很爱国，要不然也不会让你当左徒，全面推行改革。

屈原
大王没有正面回答问题。

楚怀王
好吧，到底有多爱？

一句话知识点

屈原能够一直被后人怀念，很重要的原因是他内心一直燃烧的爱国主义精神。

屈原

热到自燃

张仪
你们楚国的八卦真不少，比如……

楚怀王
你这家伙，又出来妖言惑众了。

张仪
大王知道民间是怎么议论屈原的吗？

屈原

白笑至极

黄歇
张仪不可信,是共识。

逢侯丑
他这张破嘴可以顶10万士兵,好多人吃过亏!

苏秦
早说过秦国是楚国最危险的敌人。

屈原
我收的气

一句话知识点

张仪以连横之术破合纵之策,让楚国深受其害。

伍子胥
群主真的可以到其他诸侯国试一下身手。

屈原
就像你一样?

伍子胥
你看吴国多重视我!权力、财富……

屈原
那你最后不也冤死了吗?

伍子胥
那只是个意外。

一句话知识点

伍子胥与屈原一样出身楚国,后来伍子胥去吴国建功立业,但结局并不好,死于离间计。

司马相如：

辞赋之宗

1

四川这个地方很出人才,除了"诗仙"李白,还有中国文学史上公认的"辞赋之宗"司马相如。

司马先生小的时候名字很奇怪,叫犬子(这一般是父亲对自己儿子的谦称)。

司马先生长大后,据说因为仰慕战国时期的大名人蔺相如,改名叫司马相如。

这验证了一件事:一个人可能很不喜欢自己最初的名字,寄托了自己人生志向的更名看起来更靠谱。

知识点

蔺相如

生卒年不详。战国时期赵国著名大臣。历史上关于他的记载,有3个故事人们耳熟能详,即完璧归赵、渑池之会与负荆请罪。在这3个故事中,蔺相如以忠勇智慧使赵王免受屈辱,维护赵国利益;对同朝大臣容忍谦让,与廉颇成为刎颈之交。

为了能像自己的偶像一样有所作为,少年时的司马相如努力读书，刻苦练剑，完全不知疲倦。

可是，在那个年代，如果没有机会，一个人就算再努力，也很难实现自己的理想。

就像很多家族一样，司马先生的家族也对他寄予厚望，甚至不顾他的反对，花钱帮他在汉景帝身边谋了一个差事。

那份工作的主要内容是陪皇帝打猎、散心。能待在皇帝身边，很多人求之不得，称之为人生巅峰也不为过。

可是，司马相如对那种生活很厌烦，因为每天没什么事，不是赔笑脸，就是拍马屁。

他一直忍耐着。在工作之余，他写过几篇自己很满意的赋，并费尽周折让汉景帝看到。

可惜知音难觅。汉景帝对文学似乎并不感兴趣，也不喜欢他辛辛苦苦写出来的赋。

司马相如不由得感叹：人生之路为什么这么艰难啊？

与其终日郁郁寡欢，不如干脆辞职。

他终于等来了机会。

当时，梁王刘武到长安朝见汉景帝。他的队伍很长，随行的有著名辞赋家邹阳、枚乘等。

对于那些同行，司马相如早有耳闻，就约他们喝了顿酒。他们聊得挺尽兴。

"这种生活不值得过,赶紧辞职吧!"邹阳还没听完,就急切地说。

"好,好的!"司马相如说话还像以前一样,有点儿口吃。

次日一上班,他就提交了辞职报告,理由是生病了。

他到了梁王的封地。很自然地,他成了梁王的众多门客之一。而他似乎也迎来了创作的春天,不停地写啊写。

这一时期,他写出了代表作之一《子虚赋》。

这是一篇刷屏级的爆文,网罗粉丝无数。

本来这样发展下去,司马相如很可能成为殿堂级作家,可是没想到,他的大靠山梁王去世了。

他选择离开,刚好他也想念家乡四川了。

2

前面说的是司马相如小试牛刀的事业,而回到四川,他收获了一段著名的姻缘。

准确地说,他遇到了一个叫卓文君的才女,然后两人私奔了。

有史书如此形容卓文君的美貌:"眉色如望远山,脸际常若芙蓉,肌肤柔滑如脂。"

司马相如回到成都后,无以为业,生活清贫。

他的朋友、临邛县令王吉邀请他去临邛看看,于是他就前往临邛,暂住在城内的一座小亭中。

后来和他发生爱情故事的卓文君就住在临邛,缘分就是这么悄然来临的。

有一次,因为县令王吉的关系,他到卓王孙家做客。这个卓家是冶铁世家,因为经营有道,在西汉时成为巨富。

卓家的长女文君正值花样年华,曾有过婚嫁,但是很快就守寡回娘家了。

卓文君早就很有名气了,不仅会写文章,还会弹琴。

最初,司马先生看到的只是卓文君的画像。即便如此,他的心也是怦然一动。

人世间有很多事，就是从这一瞬间开始的。

他决定去会一会画中的佳人。

为此，他是做了一番准备的。除了跑步健身，刮去胡子，他还苦练琴曲，那是一首很特别的曲子。

这是一个秘密，他从未对任何人弹奏过这首曲子。

或许，如果这辈子遇不到心仪的女子，他会让这首曲子伴随自己进入坟墓。

司马相如是个很爱面子的人。据史料记载，他到临邛的时候，车马跟随其后，仪表堂堂，文静典雅，甚为大方（"相如之临邛，从车骑，雍容闲雅甚都"）。

在卓家，他与王吉、卓王孙等人把酒言欢，相谈甚好。当然，司马相如心里一直想着见卓文君一面。

王吉当即提议，由司马相如抚琴一曲，以助酒兴。司马相如取出早就准备好的古琴，开始弹奏。

那琴声，确实如行云流水，不可阻遏，又如鸟儿缠绵，动人心弦。

世上居然有如此天籁之音。而且，歌词大胆热烈，直抒胸臆。

先看看其中的内容：

凤兮凤兮归故乡，遨游四海求其皇。

时未遇兮无所将，何悟今夕升斯堂！

有艳淑女在闺房，室迩人遐毒我肠。

何缘交颈为鸳鸯？胡颉颃兮共翱翔。

凤兮凤兮从我栖，得托孳尾永为妃。

交情通体心和谐，中夜相从知者谁？

双翼俱起翻高飞，无感我思使余悲。

素来对音乐超级敏感的卓文君果然被琴声吸引了。其实，她早就听说，大才子司马相如会到家里做客。

对于这位先生，她早有耳闻，也想见上一面，但古代女性讲究的是"大门不出，二门不迈"，就算别人已经来家里做客了，一个年轻女子也是不能轻易露面的。

好在卓文君很大胆（不愧是川妹子），她偷偷溜到后院，终于看到了正在弹奏的司马相如（"文君窃从户窥之，心悦而好之"）。

第一眼，她就喜欢上了这位大才子。

也可能是先入为主，一是罕见的琴声，二是华美的文字，她的内心早已被打动。

真是一个有情，一个有意。

用现在的话来说，两个人一见钟情。

这个时候，卓府里的侍女充当了桥梁。

简单地说，是相如贿赂了卓文君身边的侍女（"相如乃使人重赐文君侍者通殷勤"）。

古代很多类似的故事，好像侍女都在其中扮演着重要角色。

不知道两人见面之后说了些什么，但当天晚上，两人就私奔了，目的地是成都。

3

司马相如与卓文君在一起后,有3个故事可以说说。

一是他们让卓文君的父亲很生气。

听说女儿跟司马相如私奔,卓王孙很生气,一开始拒绝为女儿提供任何费用。

司马相如只好开了个小酒馆,卓文君当垆卖酒,自己打杂("与保庸杂作")。

不过,父亲总是爱女儿的。在县令王吉的斡旋下,经过激烈的思想斗争,卓王孙默认了这桩婚事。

不仅如此,他还为女儿女婿掏了不少银子("分予文君僮百人,钱百万,及其嫁时衣被财物")。司马相如与卓文君返回成都,买田宅,成为富人。

真挚的爱情还是会被祝福的。

二是在爱情的激励下,司马相如小宇宙爆发,重新燃起了生活的斗志。

他的写赋水平更上一层楼。而且,他运气超级好,不久就因为那篇《子虚赋》引起了汉武帝的注意。

众所周知,汉武帝是一个十分爱才的人。大汉第一辞赋家,岂能不为自己所用?

不仅要用,而且要放在身边,每天都能看得见。

他召见了司马相如。而司马相如也不负所望,又写了《上林赋》,汉武帝高兴地任命其为郎。

知识点

《子虚赋》与《上林赋》

《子虚赋》与《上林赋》是司马相如的代表作。这两篇赋内容前后衔接,《史记》将其视为一篇,称为《天子游猎赋》。它们虚构了子虚、乌有先生和亡是公三人的相互诘难和讨论。

《子虚赋》假托楚国子虚先生在齐国乌有先生面前夸耀楚国云梦之大、楚王游猎之盛,乌有先生则夸耀齐国土地之广、物类之丰。在《上林赋》中,亡是公先批评子虚和乌有"不务明君臣之义,正诸侯之礼,徒事争于游戏之乐、苑囿之大",又铺陈天子上林苑的壮丽及天子游猎的盛举,以压倒齐楚,表明诸侯之事不足道。《汉书·司马相如传上》云:"相如以子虚,虚言也,为楚称;乌有先生者,乌有此事也,为齐难;亡是公者,亡(无)是人也,欲明天子之义。故虚借此三人为辞,以推天子诸侯之苑囿。其卒章归之于节俭,因以讽谏。"

《子虚赋》《上林赋》发展了汉赋铺张的特色,确立了"劝百讽一"的赋颂传统,在汉赋发展史上具有极其重要的地位。

从此，司马相如佳作不断。后来，他官拜中郎将，在西汉的西南边境事务方面做出重要贡献。

原来以为他只是个文学天才，没想到还是一个政界奇才。这真是让汉武帝喜欢得不得了。

汉武帝时期，司马相如两次出使西南，以《喻巴蜀檄》《难蜀父老》表达自己的政治主张，安抚巴蜀百姓，支持通西南夷的大政，促进了民族融合，维护了国家稳定。

传说司马相如还曾为陈阿娇写过《长门赋》。汉武帝的皇后陈阿娇被废入住长门宫后，日夜愁闷悲苦，听说司马相

如是天下写文章的高手，就送给他100斤黄金，请他写下《长门赋》，以此来打动汉武帝。不过，此事一直为学界所质疑，也一直有观点认为《长门赋》并非司马相如所作。

三是司马相如与卓文君的感情出现了一些波折。

最初，司马相如独自到长安上班，卓文君仍然留在成都。夫妻两地分居，隔得有些远，结果不太美好，因为距离带来的不是美，而是第三者。

在中国古代，一个优秀的男子纳妾，是正常的社会现象。"春风得意马蹄疾，一日看尽长安花"的司马相如，有人喜欢也是正常的。但是，这在卓文君看来，是彻底变心。

卓文君毕竟是中国古代四大才女之一，给司马相如写了一首很著名的《白头吟》，后来又写了《怨郎诗》和《诀别书》。

这让司马相如羞愧难当，并回心转意，两人重浴爱河，这段千古之恋也算有了一个完美的结局。

在整个《史记》中，专为文学家立的传只有两篇：一篇是《屈原贾生列传》，另一篇就是《司马相如列传》。

在《司马相如列传》中，司马迁收录了司马相如3篇赋（《子虚赋》与《上林赋》合为《天子游猎赋》）、4篇散文，以至《司马相如列传》的篇幅相当于《屈原贾生列传》的6倍。

看得出，司马迁明显偏爱这位辞赋高手。

穿越的微信大剧场

< 聊天信息（123）

| 司马相如 | 汉武帝 | 卓文君 | 卓王孙 | 杨得意 | 王吉 |
| 梁王刘武 | 枚乘 | 邹阳 | 司马迁 | 陈阿娇 | + |

查看更多群成员 >

群聊名称　　　　　　　　　　　　　　我手写我心 >

群二维码　　　　　　　　　　　　　　　　　　　>

群公告　　　　　　　　　　　　　　　　　　　　>

备注　　　　　　　　　　　　　　　　　　　　　>

查找聊天记录　　　　　　　　　　　　　　　　　>

消息免打扰　　　　　　　　　　　　　　　　　　⬤

退出群聊

我手写我心（123）

司马相如：收到了陛下的征召，就马上赶到长安来了。

杨得意：司马先生辛苦了。

司马相如：不辛苦不辛苦，陛下有命，无论如何也要过来。

汉武帝：先生果然气宇不凡！

司马相如：陛下过奖了！

司马相如：请问有什么事吗？

汉武帝

告诉你一个好消息
我看上你了

一句话知识点

司马相如得到汉武帝的喜欢，是因为一篇《子虚赋》。

汉武帝
@陈阿娇 这篇《长门赋》写得不错啊。

陈阿娇
都是臣妾的心里话。

汉武帝
可朕一看，有司马先生的文采。

司马相如 
微臣只是提了点儿修改意见。

汉武帝：文字很好，但充满哀怨。

司马相如：陛下再仔细品品，里面有没有深厚的思念？

汉武帝：但朕已经决定，@陈阿娇 再也不理你！

陈阿娇：
忍住眼泪　完全忍不住
不忍了　　哇

一句话知识点

传说陈阿娇曾经花重金请司马相如写赋，试图挽回与汉武帝的关系，这也是"千金买赋"典故的由来。可是，历史上并无陈阿娇复宠的记载，据说《长门赋》也并非出自司马相如之手。

卓文君
@司马相如 听说郎君去长安后，喜欢上了别人。

司马相如
这个嘛，这个嘛……

卓文君
闻君有两意，故来相决绝。

卓王孙
孩子，早就说过这个人不靠谱，你偏不听！

司马相如
@卓文君 听着，那是谣言！

卓文君
我不听我不听！！！

卓文君

我们的故事曾是人间美谈

司马相如
这一点，我非常清楚。

司马相如
为了你，我什么苦都愿意吃。

卓文君
愿得一心人，白头不相离。

一句话知识点

司马相如与卓文君的感情结局可以说是完美的。

陶渊明：偶像们的偶像

1

儿时的陶渊明一直以他的祖辈为骄傲。

他有一个威震天下的曾祖父陶侃,还有一个誉满江湖的外公孟嘉。这两位长辈刚好一武一文,一个南征北战,建功立业(东晋开国元勋,获封长沙郡公);另一个文章风骨名满天下(孟嘉是魏晋风度的一代楷模)。

可是,从曾祖父开始,陶家的运势就开始逐代递减。家族的希望全压在陶渊明身上,真是压力山大。

还好,他确实很有学习的天赋,一本《山海经》,他能倒背如流。

知识点

《山海经》

与《周易》《黄帝内经》并称为"上古三大奇书"。该书共18卷,包括《山经》5卷和《海经》13卷,其中14卷为战国时作品,4卷为西汉初作品。内容主要为民间传说中的地理知识,包括山川、道里、民族、物产、药物、祭祀、巫医等,保存了不少远古神话传说,对古代的历史、地理、文化、中外交通、民俗、神话等研究均有参考价值。其中的矿物记录为世界最早的相关文献。《四库全书总目》谓之为"小说之最古者"。

更重要的是，他养成了一生最重要的习惯：读书和思考。

陶渊明8岁的时候，父亲去世，母亲只能带着他回娘家。那段时间，小渊明跟博学的外公孟嘉有了更多交流。

外公家的书到处都是，几乎是想看什么书，就有什么书。看不懂的，正好有外公讲解。

而且，他很喜欢外公的潇洒不羁、本真疏放，典型的名士风范。在外公的影响下，陶渊明的思想感情和生命情调也慢慢发展定型。

纵观他的一生，生命里充满了矛盾。

有时候他"猛志逸四海",欲济天下苍生;有时候又"性本爱丘山",坚决退隐田园。

两种完全不同的感情充斥着他的一生。

2

陶渊明一生中写过几封辞职信。

他那样的读书人非常有自我意识,本来就难以入俗。

魏晋南北朝时期非常值得研究。当时,社会阶层严重固化,"上品无寒门,下品无士族"。

陶渊明虽然是名门之后,但不管他多有才华,多么努力,也只能是庶族。

本是儒生的陶渊明也想"达则兼济天下",可是直到28岁,他的仕途生涯才开始,成为一名公务员(任江州祭酒)。

"祭酒"有一定的权力,对于一个仕途刚起步的年轻人来说,其实还不错。

但人生是无法预测的。一个人做什么工作,碰到什么领导,都是被动的。

不得不说,刚进入职场的陶渊明遇到了一个非常不靠谱的领导,这个人名叫王凝之。

这看起来是一个很平常的名字,但是王凝之的背景很牛——他父亲是史上第一书法家王羲之,他兄弟的大名同样如雷贯耳,是王献之。

知识点

王羲之

东晋书法家、文学家,琅邪临沂(今山东临沂)人,后定居会稽山阴(今浙江省绍兴市)。人称王右军。他少时学书法,初学卫铄,后草书学张芝,楷书学钟繇,博采众长,精研体势,推陈出新,一变汉、魏以来质朴的书风,创造了妍美流便的新体。被誉为"书圣"。代表作《兰亭集序》被誉为"天下第一行书"。其子王献之与其齐名,号称"二王"。

王羲之很优秀,他的儿子王献之继承了他的优秀。

但王凝之就差点儿意思了,做事情拎不清,还为他那不靠谱的事情挪用公款。

一心为公的陶渊明很无奈:劝,王凝之是听不进去的;跟王凝之一起不靠谱,他是做不到的。

陶渊明思考之后，回家写了一封辞职信。

第一个领导不靠谱，第二个领导更恶劣。

公元398年，陶渊明投奔荆州刺史兼江州刺史桓玄，职位是幕僚。

不久，他发现桓玄一门心思谋反。那可是杀头的大罪，于是他萌生了退隐的想法。当年冬天，母亲去世，他便火速写了辞职信，从此在家闲居。

3年丁忧期满，他的看法是"四十无闻，斯不足畏"。意思是40岁无所作为，没关系。确实挺豁达的。

后来，他应邀出任镇军将军刘裕的参军。

刘裕在中国历史上是个非常有名气的人，也是很多人的偶像。

比如南宋大词人辛弃疾在

你知道我老爸是谁吗？

王凝之

陶渊明

我只知道你有点儿不靠谱。

《永遇乐·京口北固亭怀古》中，就赞扬了刘裕："斜阳草树，寻常巷陌，人道寄奴曾住。想当年，金戈铁马，气吞万里如虎。"

刘裕

字德舆，小字寄奴，原籍彭城（今江苏徐州），后迁至京口（今江苏镇江）。中国东晋至南北朝时期的政治家、改革家、军事家，南朝宋的开国君主，即宋武帝，公元420—422年在位。刘裕自幼家贫，后投身北府兵为将，凭借巨大的军功，总揽东晋军政大权，后代晋称帝，国号"宋"，年号"永初"。他当政时，注重节俭，抑制豪强，减轻赋税与刑罚，奠定了元嘉小康之治的基础。

不为五斗米折腰

陶渊明当彭泽县令的时候，郡太守派一名督邮前来检查工作。此人比较傲慢，而陶渊明向来看不惯倚官仗势的人，不肯趋炎附势。县吏说应束带见督邮。陶渊明无法忍受，长叹说不能为五斗米折腰向乡里小人，当日便解印绶辞职，并赋《归去来兮辞》，以明心志。彭泽县令他只干了80多天。后人用"不为五斗米折腰"比喻为人清高，有骨气，不以利禄折节。

与这么杰出的人共事应该高兴才是。可是，陶渊明的内心是矛盾的。对于出仕和田园生活的纠结，一首《始作镇军参军经曲阿作》表达得既坦率又细腻。

后来，他还是辞职了。总结历次辞职，都是因为"不堪吏职"。看来唯有安静的田园生活，才是他的乐土和心灵归宿。

再后来，有了著名的"不为五斗米折腰"的故事。

这一次辞职后，陶渊明没有再出仕。南山是他的隐身之所，在那里，他有几间草屋，也有一些薄田。

他爱上体力劳动，开荒，砍柴，种豆，除草。累了，就坐下来喝口酒，喝完后接着干。

是的，你没看错，别人做农活累了就喝口水，陶渊明是喝酒。

白天，他坐在田埂上喝；入夜，他坐在满天星光下喝。可以说做到了天地人合一。

5首《归田园居》是他酒后对生活的感悟。第一首是这么写的——

归田园居（其一）

少无适俗韵，性本爱丘山。

误落尘网中，一去三十年。

羁鸟恋旧林，池鱼思故渊。

> 开荒南野际，守拙归园田。
> 方宅十余亩，草屋八九间。
> 榆柳荫后檐，桃李罗堂前。
> 暧暧远人村，依依墟里烟。
> 狗吠深巷中，鸡鸣桑树颠。
> 户庭无尘杂，虚室有余闲。
> 久在樊笼里，复得返自然。

陶渊明：偶像们的偶像

仔细认真读一读，是不是觉得很洒脱、很淡然？

陶渊明也收获了大批粉丝，他是苏东坡、孟浩然等大诗人的共同偶像。

其实，退隐田园，他心中也有一些遗憾。

他是个热血男人，曾在读《山海经》后写下"猛志固常在"的诗句，也发出过"日月掷人去，有志不获骋"的感叹。

或许在每个男人的心中，都有一个成就一番功业的梦想。可是，并不是每个人的梦想都能照进现实。

从官场转向田园后，他爱上了劳动，并乐于做一个农夫，在著名的《五柳先生传》中，他表明了自己的三大志趣：读书、饮酒、写文章。在田园，他可以按照自己的意愿生活，身心都回归自然。

3

陶渊明总觉得世界不必如此，世上必有极乐之地。为此，他写了一篇有科幻味道的散文《桃花源记》。

知识点

《桃花源记》

东晋文学家陶渊明的代表作之一，是《桃花源诗》的序言。此文借武陵渔人行踪这一线索，描绘了秦末部分人民因躲避战乱，来到桃花源，过着与世隔绝的生活。作者把桃花源写成一个"春蚕收长丝，秋熟靡王税"的安宁社会，寄托了他的理想，表现出他对当时混乱、黑暗的政治现实的不满。

理想很丰满，现实很骨感。

陶渊明在生活中，总是在各种完美和不完美之间摇摆。

好在，他足够坚持。

尽管自公元408年家中那次火灾后，家境逐渐衰落，但是他归隐田园、不愿出仕的心不改。

每次呆坐在屋子周围的菊花丛中，他都满心欣喜。有一天，他磨墨提笔，写下那首千古名篇——

饮酒（其五）

结庐在人境，而无车马喧。

问君何能尔？心远地自偏。

采菊东篱下，悠然见南山。

山气日夕佳，飞鸟相与还。

此中有真意，欲辨已忘言。

最后再说一下，作为"偶像的偶像"，陶渊明是怎么被发现的。

他有个重磅粉丝，那就是隔世知音萧统。作为南朝梁太子，他酷爱读书，组织编纂了中国现存最早的一部诗文总集《昭明文选》。据说他在偶然读到陶渊明的《归去来兮辞》时，感动得泪流满面。

可以说，萧统对陶渊明推崇备至，不仅在《昭明文选》中收录陶渊明的诗比较多，还搜集他的作品，编为《陶渊明集》。

当时，在江西老家的坟墓里，陶渊明已沉睡了约100年。随着萧统不遗余力地介绍，陶渊明声名大振，粉丝越来越多。

到了唐宋时期，一些超级大腕儿也力挺陶渊明，陶渊明成了人们的超级偶像。

杜甫说："宽心应是酒，遣兴莫过诗。此意陶潜解，吾生后汝期。"

王维说："陶潜任天真，其性颇耽酒。"

北宋文坛盟主欧阳修说："晋无文章，惟陶渊明《归去来兮辞》一篇而已。"

苏轼更以陶粉自居，几乎和遍了所有陶诗。他告诉弟弟苏辙："吾于诗人，无所甚好，独好渊明之诗。"

跟帖的大咖名单，还可以列上一长串：韩愈、白居易、孟浩然、林逋、陆游、杨万里、王安石、朱熹……

一个至淡至真的人，值得被如此深爱。

穿越的微信大剧场

< 聊天信息（188）

| 陶渊明 | 孟嘉 | 王羲之 | 王凝之 | 刘裕 | 刘敬宣 |

| 桓玄 | 王弘 | 颜延之 | 檀道济 | 督邮 | ＋ |

查看更多群成员 >

| 群聊名称　　　　　一屋一家人，一狗一花园 > |
| 群二维码　　　　　　　　　　　　　　　　 > |
| 群公告　　　　　　　　　　　　　　　　　 > |
| 备注　　　　　　　　　　　　　　　　　　 > |
| 查找聊天记录　　　　　　　　　　　　　　 > |
| 消息免打扰　　　　　　　　　　　　　　⬤ |

退出群聊

049

一屋一家人，一狗一花园（188）

孟嘉：@陶渊明 听说你不为五斗米折腰，真是我的好外孙！

陶渊明：外公不是教导我，一个人要有风骨吗？

督邮：为那点儿小事辞职，值得吗？

陶渊明：道不同，不相为谋。

督邮：既然不为五斗米折腰，我想知道六斗米行不行？

陶渊明：正义的凝视

一句话知识点

陶渊明不为五斗米折腰的故事，流传了千余年。

王羲之
@陶渊明 羡慕你这样的状态。

陶渊明
你不是也过着田园隐居生活吗？

王羲之
经常有人来请我出山……

陶渊明
要挡住俗世诱惑呀。

王羲之
听说犬子令你难堪了？

王凝之：父亲，他直接辞职了。

王羲之：为何？

陶渊明：没什么大事，心情不愉快就辞职了。

陶渊明：我这个人很任性

一句话知识点

古代名人之间往往有着千丝万缕的联系，比如"书圣"王羲之和"田园诗派之鼻祖"陶渊明。

刘裕
@陶渊明 再出来助我平定天下如何？我这里有个好岗位。

陶渊明
习惯了自由，不去了不去了。

刘裕
不为我考虑，也该为天下百姓考虑啊！

陶渊明
现在能顾上自己就不错了。

刘裕
真不来？

陶渊明
真不来。

檀道济
别问了，老陶是铁了心要彻底隐居了。

檀道济
我用最好的酒肉诱惑他,也没有成功。

刘裕

大写的服

王凝之
也许当初我根本就不应该同意你辞职。

陶渊明 
不必自责,我不是对你个人失望,是对整个职场失望。

刘裕
第一次看见有钱不赚的人。

一句话知识点

陶渊明与一代英雄、战斗力爆棚的刘裕之间也有渊源。他曾担任镇军将军刘裕的参军,但是即使与这么杰出的人共事,也无法消除他对于出仕与田园生活的纠结。

李白：
此人只应天上有

1

李白的终极理想不是诗词，而是仕途。

也就是说，他不想只做一个诗人，他想做官，而且是宰相和帝师那样的大官。

可是，父亲和哥哥虽然赚了很多钱，却赚不到帝国最重视的门第和阶级。

他需要实现阶层的跨越。

作为商人之后，李白没有科举考试的资格（实际上高傲的他也不屑于参加科举考试）。

此外，他的家族史也有点儿问题，有些说不清道不明。他到底是汉代李陵将军的后代，还是李唐皇室的后裔，还是其他？这一直是个谜。

他只好寄希望于混圈子。

因为除了科举，唐朝还有一种选拔官员的方式，叫制举，由官员向朝廷举荐人才。

于是，我们看到，李白从十几岁开始，就不断拜会官员名人，通过花样自吹，努力向皇族成员靠拢。

在《与韩荆州书》中说："十五好剑术，遍干诸侯。"

在《感兴其四》中写道："十五游神仙，仙游未曾歇。"

在给宰相张镐的诗中写道："十五观奇书，作赋凌相如。"李白的 15 岁，忙得不亦乐乎！

在几十年间，他结交了不少朋友，甚至入宫待了近两年。但总体来说，他的仕途很不顺利，直到最后理想完全破灭。

清高成就了李白，清高也令他痛苦。

从离开家乡的那一刻开始，他就觉得自己是当高级干部的料，应该一步登天。

至于中间环节，都可以省略。

李白：此人只应天上有

你说你作的赋比西汉赋圣司马相如的还好？

我说的话，确实有一点儿小小的夸张。

张镐

李白

所以，他不愿意从基层小官员做起。

很多大诗人都有金榜题名或悲惨落榜的经历，很多人为了拿到功名，刻苦攻读，头发全白。

但是，李白没有这样的经历。

公元742年，经过多年打拼，41岁的李白终于拿到朝廷的offer（录取通知）。

他甚是得意，赶紧告别家人出发，并写下了《南陵别儿童入京》这首激情洋溢的七言诗。其中"仰天大笑出门去，我辈岂是蓬蒿人"更是流传千古。

当时，他的内心一直在呐喊：我是天才，我是天才，我是天才！

如此性格的人入宫会有什么结果，是可以预见的。

作为一个专职陪皇帝写诗娱乐的供奉翰林，他很不拿自己当外人。

于是，就流传出"贵妃研磨""力士脱靴"的故事。如果说"贵妃研磨"还有待考证，那李白让高力士脱靴应该是确有此事。李白不羁的性格，由此可见一斑。

纵观中国几千年的历史，能大胆、嘚瑟到这种程度的普通群众，可能只有李白。

但是，谁让他有才呢？

2

像是来自外星的大诗人李白，遇到过各种各样的朋友和粉丝。

其中有一个名叫魏万，是个隐士，从小就喜欢舞文弄墨，读到李白的诗后，如痴如醉。

他家境一般，但立志去见偶像一面，于是开始往存钱罐里塞钱。在盘缠足够的时候，他从王屋山出发了。但是，李白的行踪飘忽不定，岂是那么好掌握的？

不过，魏万有一颗矢志不渝的心。偶像在哪里，他就追到哪里。

据说，他跨越几省，一直走了几千里，才见到李白本人。地点是在江苏扬州。李白的《送王屋山人魏万还王屋》中就写道："东浮汴河水，访我三千里。"

看到魏万出现在自己面前，李白显然被感动了，不仅与魏万探讨诗文，而且只要有酒局，就带着他。

李白还给这个铁粉讲了很多自己的故事——出四川，逗留江苏，入长安，赐金放还，还有和一众朋友的八卦。

慢慢地，魏万对李白的熟悉，超越了一个粉丝对偶像的了解。

到了分别时，魏万表示要为李白的诗结集，李白也赠送了自己随身携带的诗稿。后来，魏万历经波折，终于编订《李翰林集》，并为之作序。

如果没有他的努力，李白的诗歌传播范围或许会窄一些。

李白的粉丝，当然还有杜甫。他的才华不在李白之下，但他成了"诗仙"最忠诚的粉丝之一。

他比李白小11岁，两人一辈子见面的次数很少，但杜甫写了十几首诗来怀念偶像。

他写道，"世人皆欲杀，吾意独怜才"，说的就是李白参加叛军差点儿被处死，世人一片讨伐之声，但杜甫仍保持对李白的偏爱。

杜甫写给李白的诗里有不少金句，比如"冠盖满京华，斯人独憔悴""白也诗无敌，飘然思不群""笔落惊风雨，诗成泣鬼神""痛饮狂歌空度日，飞扬跋扈为谁雄"。

每一首诗，都代表杜甫的一片赤诚之心。

看遍杜甫的所有作品，他再也没有这样高度评价一个人。

李白从杜甫的作品里，应该是找到了做大哥的感觉。

这种感觉，很好，很甜。

还有一个名叫汪伦的县令，他非常仰慕李白。读李白的诗，是他的人生爱好之一。

为了把"诗仙"骗过来,他写信告诉李白,自己家乡有十里桃花、万家酒店。

李白屁颠屁颠地赶过去,才发现所谓"十里桃花"只是水潭的名字,"万家酒店"只是酒店的老板姓万。

可李白并不生气,反而和汪伦成了好朋友。

后来,汪伦专门送别李白,"诗仙"十分感动,写下了那首千古名诗《赠汪伦》。

赠汪伦

李白乘舟将欲行,忽闻岸上踏歌声。

桃花潭水深千尺,不及汪伦送我情。

李白最大的幸运，就是他活在世上的时候，粉丝就不可胜数。其中既有达官显贵，也有平民百姓。粉丝们的追捧也让李白的生活更加多彩。

3

如果李白不那么好酒，或许很多精彩的诗歌就不会产生。

李白的诗歌中，有约五分之一写到喝酒。

酒一旦入肠，他的创作欲就非常旺盛。

他写过——

花间一壶酒，独酌无相亲。举杯邀明月，对影成三人。（《月下独酌四首·其一》）

他还写过——

兰陵美酒郁金香，玉碗盛来琥珀光。但使主人能醉客，不知何处是他乡。（《客中行》）

当然最出名的还是——

人生得意须尽欢，莫使金樽空对月。天生我材必有用，千金散尽还复来。（《将进酒》）

一股股酒香扑面而来。

经考证，李白喝的酒大都是低度酒，包括白酒、黄酒和葡萄酒等。基本上，跟喝水差不了太多。

他的死，据说也跟喝酒有关。《旧唐书》中说，李白"饮酒过度，醉死于宣城"。

酒入肠，万事皆默然，唯我是主宰。

李白：此人只应天上有

你的想象力为何那么丰富？

很简单，喝到半醉半醒！

高适

李白

4

在练剑这件事上,李白不仅自己拜师,还收了徒弟。

为啥要练剑?应该跟家族有点儿关系。

李白是家中12个孩子中最小的,很得父亲李客的宠爱。

他自称是汉朝"飞将军"李广的后裔,祖籍陇西成纪(今甘肃静宁县西南),后搬到碎叶(今吉尔吉斯斯坦境内)。

祖上有一位知名武将,李白怎能不拿剑?

来看几句他的原创剑诗。

——剑阁峥嵘而崔嵬,一夫当关,万夫莫开。

——愿将腰下剑,直为斩楼兰。

——闲过信陵饮,脱剑膝前横。

——别时提剑救边去,遗此虎文金鞞靫。

剑之所指,慷慨激昂,气势如虹。

自古以来,侠与士,是有很多牵连的,这种牵连在李白身上实现了精妙的统一。

看到别人舞剑,他反复模仿,故能"剑术自通达"。

他最喜欢的事情,便是骑着白马,身佩宝剑,迎着朝阳,晃晃悠悠地出入城池。

他还喜欢右手抚剑，站在悬崖边眺望。

在他眼中，山含情，水含笑。他的眉毛开始舒展，嘴咧开的幅度很大，他终于狂啸起来。

古代行为艺术第一人，非李白莫属。

他深知名师培训的重要性。除了刻苦钻研剑术，他还千方百计联系"剑圣"裴旻，要拜其为师。

裴旻是位武将，据说脸上有3道刀疤，令人不寒而栗。

他曾与契丹人、吐蕃人作战。《独异志》中的裴旻是一个绝代剑客："掷剑入云，高数十丈，若电光下射，旻引手执鞘承之，剑透空而下。"

就连对李白十分不感冒的王维也作了一首诗赞美裴旻。

赠裴旻将军

腰间宝剑七星文，臂上雕弓百战勋。

见说云中擒黠虏，始知天上有将军。

这么优秀又粗犷的老师，李白怎能错过？他果断地踏上拜师之路。

李白游东鲁时，曾留下"顾余不及仕，学剑来山东"（《五月东鲁行答汶上翁》）的诗句。

剑术跟饮酒一样，是李白的人生标配。

穿越的微信大剧场

< 　　　聊天信息（498）

| 李白 | 吴指南 | 杜甫 | 高适 | 王维 | 贺知章 |

| 孟浩然 | 玉真公主 | 李龟年 | 唐玄宗 | 杨贵妃 | ＋ |

查看更多群成员 ＞

| 群聊名称 | 我要主宰宇宙 ＞ |

| 群二维码 | ＞ |

| 群公告 | ＞ |

| 备注 | ＞ |

| 查找聊天记录 | ＞ |

| 消息免打扰 | 🟢 |

退出群聊

我要主宰宇宙（498）

李白
> 群里很热闹啊！

李白
> 刚才喝多了，1个小时没看聊天群。

李白
> 真是太失败了！！！

孟浩然
> 怎么了？

李白
> 几百条信息
> 没有一条关于我

杜甫
太白兄,你再仔细爬楼看看。

杜甫
虽然大家没点你的名,可说的事情都跟你有关。

一句话知识点

李白是一个害怕孤独的人,希望聚光灯一直打在他身上。

李白
我真的好羡慕你们
年纪轻轻就遇上了才华横溢的我

贺知章
虽然你是"谪仙人",但你能否低调点儿?

李白

> 不知道为何,在高调这方面,别人的天花板只是我的地板……

李白

> 而且,除了喝酒、写诗、耍剑,我还在探索新的路线。

杜甫

什么路线?

李白

> 颜值路线。

李白

尖叫声在哪里?!

(半小时后)

杜甫
太白兄,你没发现大家都没说话吗?

一句话知识点

李白的倔犟与狂傲,体现在他生活的各个方面。

吴指南
听说群主帮我迁了墓,让我落叶归根,感动啊!

高适
一个人拿着铲子迁墓,那场面够惊悚。

李白
当时心中只有兄弟。再说了,谁都有百年后的那一天。

杜甫
为太白兄的义气点赞!

杜甫
激烈鼓掌

一句话知识点

李白虽然不太顾家,但在对朋友方面绝对一流。

玉真公主

独坐敬亭山

众鸟高飞尽,孤云独去闲。
相看两不厌,只有敬亭山。

玉真公主
李白,听说这首诗是写给我的?

> 李白
> 公主说是，那便是！

> 孟浩然
> 怎么看起来，像是王维兄弟的文笔？

> 李白

老脸一红

一句话知识点

《独坐敬亭山》是李白的名作，将诗人的孤旷与高傲写绝。据传，这首诗与玉真公主有一些关系。不过，这首诗的风格跟李白那些狂妄清高的诗不一样，有点儿王维清雅孤独的味道。

杜甫：洒向人间都是爱

1

在中国文学史上，杜甫是一个非常令人感动的诗人。

如果说陶渊明和李白总是挖掘自己的内心，那杜甫就是把自己的心掏出来给别人看。

从一定程度上说，陶渊明和李白是自我，杜甫是他我。

他永远把那些有着悲惨遭遇的人放在心中的重要位置。

杜甫的家世出身要比李白好。他的家庭"奉儒守官"，先祖世代为官。19岁之前，他过着衣食无忧的日子，生活很惬意。

和李白一样，他也想出去走一走。

公元731年，他终于成功出游。从此，出游成为他的常态。他中途曾回河南参加科举考试，但是落榜了。

是的，我们的"诗圣"也是落榜生。

其实，考试不是一切，最好的学堂是社会。

公元736年，杜甫写下一首名诗《望岳》。

望 岳

岱宗夫如何？齐鲁青未了。

造化钟神秀，阴阳割昏晓。

荡胸生曾云，决眦入归鸟。

会当凌绝顶，一览众山小。

在这首诗里，杜甫通过描绘泰山的景象，表达了自己的豪情壮志。他相信总有一天，自己会出人头地。

跟信奉佛教的王维、信奉道教的李白不同，杜甫是一名坚定的儒士。

他期待有一天可以辅佐明君，治理天下。所以，年轻的杜甫把仕途当成实现理想的通道。

《望岳》只是冰山一角，杜甫是非常自信的。

他在《壮游》一诗中写道："往昔十四五，出游翰墨场。斯文崔魏徒，以我似班扬。七龄思即壮，开口咏凤凰。九龄书大字，有作成一囊。"

《望岳》真是你写的？

李白

杜甫

弟弟以前就是豪放派。

看到没，他说自己十四五岁的时候，就在文坛登场，当时有名的文士很认可他，觉得他像汉代文学家班固、扬雄。

这还不算，公元 748 年，已近不惑之年的他又自吹自擂道："读书破万卷，下笔如有神。""致君尧舜上，再使风俗淳。"

这一点，杜甫非常像李白。

2

如果这个世界上的人都能心想事成，那这人生就没什么悬念了。

所以，人们常说，人生不如意事十之八九。

杜甫的后半生，可以说是非常郁闷的。

公元 746 年，他初到长安。

众所周知，当时的长安是国际化大都市，盛唐气象吸引了无数国内外面孔。城里的各种杂耍、香料、时装、动物，令杜甫眼花缭乱。

但是，最令他兴奋的，是长安城里的人，准确地说，是诗人。

贺知章、王维、孟浩然、李白……每个名字都如雷贯耳。现在跟这些大咖同处一座城，杜甫晚上兴奋得睡不着觉。

于是，就有了那首非常著名的"肖像诗"——《饮中八仙歌》。

饮中八仙歌

知章骑马似乘船，眼花落井水底眠。

汝阳三斗始朝天，道逢麹车口流涎，恨不移封向酒泉。

左相日兴费万钱，饮如长鲸吸百川，衔杯乐圣称避贤。

宗之潇洒美少年，举觞白眼望青天，皎如玉树临风前。

苏晋长斋绣佛前，醉中往往爱逃禅。

李白一斗诗百篇，长安市上酒家眠，天子呼来不上船，自称臣是酒中仙。

张旭三杯草圣传，脱帽露顶王公前，挥毫落纸如云烟。

焦遂五斗方卓然，高谈雄辩惊四筵。

大家都知道，杜甫苦心孤诣，诗一向非常工整，十分对仗。这首诗轻松有趣，在杜甫的诗中比较少见。可以说他是带着深厚的感情写出来的。

他最爱的是李白，所以总结得也最到位。李白确实是令人羡慕的酒中仙，不受俗世规矩约束。

杜甫能有这心情，总的原因是，当时仍然是盛世，叛乱还未到来。

不过，他在长安漂泊了近10年，生活并不顺利，内心最大的愿望一次次落空。

公元747年，30多岁的他一度是有机会的。

当年唐玄宗想招纳人才，杜甫也做了很多准备，势在必得。可是那一年的大唐科举，录取率竟然为0。

天下不是没有人才，可是这么重要的事情，被宰相李林甫用来拍马屁。他对唐玄宗说："陛下，人才都被发掘出来啦，真是明君治下，野无遗贤啊！"

这种马屁是需要有人付出代价的，而考生杜甫就是那个付出代价的人。跟很多考生一样，杜甫在住处失声痛哭。

那时，杜甫的父亲早已去世，他不得不自己赚钱养家，可赚钱真不是他的特长。

虽然生活艰苦，但他的梦想还在闪光，因为他还没有死心。

他写诗说，自己就像折翅的飞鸟、跃不过龙门的鲤鱼，但总有一天会被发现。

但一个人养家，实在是太难了。杜甫逐渐从一个理想主义者变为一个现实主义者。再接下来，是安史之乱，整个国家都不太平，杜甫真正的苦日子也开始了。

因为看到了太多不平，因为对百姓的遭遇忧心如焚，他写了大量忧国忧民的诗。

看到征兵的惨状，杜甫写了《兵车行》。

他著名的诗篇，比如"三吏"（《新安吏》《石壕吏》《潼关吏》）、"三别"（《新婚别》《无家别》《垂老别》），都在反映民间疾苦，在揭露战争对人民的伤害。

他也从原来的"小我"走向"大我"。

为什么说杜甫很伟大呢？因为他有一颗悲天悯人的心。他是一位盖世文侠。

大唐满地都是诗人，但论有爱心，可能没有人能超过杜甫。

3

杜甫的故事远未结束。

有人也许会问，他的创作爆发期是何时？好像他一直在创作，每个时期都有精品。

如果说李白很会宣传自己，王维有惊世的冷静和颜值，白居易有广泛的社会关系网，那么杜甫有的，只是写写写。

可是，他在世时，并没有多少粉丝，他的价值一直被低估。

人类社会就是这样，很多大腕儿是在离开这个世界后，才获得广泛的认可。

他也有牢骚愤懑。比如他在诗中写道："儒术于我何有哉，孔丘盗跖俱尘埃。"

为了仕途，他放下一个知识分子的清高，低声下气地希望得到推荐，但是并无结果。

公元751年，杜甫出手，写了著名的《朝献太清宫赋》《朝享太庙赋》和《有事于南郊赋》。

好好地不写诗，为什么改写赋了呢？

这缘于当年唐玄宗举行祭祀"玄元皇帝"老子、太庙和天地的三大盛典。这次，唐玄宗终于注意到这个苦命的读书人，命杜甫待制集贤院。这意味着，他获得了当官的资格，仅此就让杜甫兴奋起来。

但是,拿着皇家"白条",杜甫一等就是 4 年。

公元 755 年,他终于有了任命书,职务是河西尉。这个职位要管理司法治安事宜,还要征收赋税,还得经常拜迎长官。

这显然不对杜甫的味。他拒绝了这个职位。

朝廷考虑再三,让他去做右卫率府兵曹参军。这是个连正八品都不到的闲职,也就是看守兵甲器仗等。但这次他接受了。

至于原因,杜甫以一首《官定后戏赠》给出了答案。

官定后戏赠

不作河西尉,凄凉为折腰。

老夫怕趋走,率府且逍遥。

耽酒须微禄,狂歌托圣朝。

故山归兴尽,回首向风飙。

他要生活。为贫而仕,虽不情愿,但很无奈。

还别说,苦命的杜甫,家中真的有人饿死。

上班没多久,他请假回奉先探亲。在这期间,他写了《自京赴奉先县咏怀五百字》。其中"朱门酒肉臭,路有冻死骨"一句,名垂青史。

他刚赶回家,就听到妻子杨氏凄厉的哭声。原来,他的小

儿子被活活饿死了。

同月,安史之乱爆发了。安史之乱是大唐国难的开始,但同时又是大诗人杜甫辉煌的起点。

从公元755年开始,到公元770年离世,杜甫创作的诗歌超过千首,且精品比例之高,令人瞠目结舌。

下面这些金句,都是那些年写出来的。

——国破山河在,城春草木深。
——今春看又过,何日是归年?
——随风潜入夜,润物细无声。
——烽火连三月,家书抵万金。
——露从今夜白,月是故乡明。
——出师未捷身先死,长使英雄泪满襟。

可谓句句催泪,又充满美感。

公元767年,身在夔州的杜甫登上白帝城外的高台,萧瑟的秋江景色引发了他的无限感慨。他百感交集,禁不住泪流满面,写下一首名诗。

登高

风急天高猿啸哀,渚清沙白鸟飞回。
无边落木萧萧下,不尽长江滚滚来。

万里悲秋常作客，百年多病独登台。

艰难苦恨繁霜鬓，潦倒新停浊酒杯。

这首诗，一直被认为是杜甫最精彩的代表作之一。

"诗圣"的最后时光，漂泊无定，穷困潦倒。

公元768年，一心想要归乡的杜甫来到岳阳。在登上岳阳楼后，看着烟波浩渺、壮阔无垠的洞庭湖，诗人发出由衷的赞叹。但是，再想到自己的处境、国家的状况，诗人心中又是感慨万千。于是，就有了这首《登岳阳楼》。

登岳阳楼

昔闻洞庭水，今上岳阳楼。

吴楚东南坼，乾坤日夜浮。

亲朋无一字，老病有孤舟。

戎马关山北，凭轩涕泗流。

之前说过，杜甫生前名气一般。他的诗被广为传诵，有个人需要提一提。

那就是元稹，就是写出名句"曾经沧海难为水，除却巫山不是云"的那位。

在杜甫去世40多年后，杜甫的孙子杜嗣业将其移葬河南，邀请元稹撰写墓志铭。

元稹看了杜嗣业带来的杜甫的作品后，被深深地感动了。《茅屋为秋风所破歌》中的"安得广厦千万间，大庇天下寒士俱欢颜"更让他泪目。

这是一颗多么伟大的灵魂啊！

在他为杜甫撰写的墓志铭中，他对杜甫的称赞不遗余力，表示"诗人以来，未有如子美者"。

到了宋代，杜甫的流量暴涨，几乎所有文坛大腕都表白杜甫，并有了"千家注杜"的说法。宋朝之后，杜甫依然是"顶流"，学杜研杜者层出不穷。

这在中国文化史上，几乎无人出其右。

穿越的微信大剧场

< 聊天信息（450）

| 杜甫 | 李白 | 王维 | 唐玄宗 | 贺知章 | 高适 |

| 李龟年 | 房琯 | 李林甫 | 杨国忠 | 严武 | + |

查看更多群成员 >

群聊名称	杜工部的小花园 >
群二维码	>
群公告	>
备注	>
查找聊天记录	>
消息免打扰	●

退出群聊

杜工部的小花园（450）

房琯：谢谢 @杜甫 帮我说话。

杜甫：人微言轻，没帮上什么忙。

房琯：还害得你被开除。

杜甫：没事儿，只是个小小的左拾遗。

李白：二甫，你能少管点儿闲事吗？

杜甫：这不是闲事，是国家大事。

房琯
最近过得还好吗?

杜甫
我很好

一句话知识点

杜甫仗义执言,触怒了唐肃宗,结果丢了官,生活过得更加艰难。

唐玄宗
@李林甫 今年的科举情况如何?

李林甫
陛下,大唐可真是野无遗贤啊!

唐玄宗
人才当真全在朝堂上了?

李林甫：当然是真的。

杨国忠：陛下治理多年，大唐的福气啊！

杜甫：能说点儿真话吗？

杜甫：两个祸国奸臣！

一句话知识点

杜甫人生中栽的第一个大跟头，就是奸相李林甫制造的"野无遗贤"事件。因为这事，"诗圣"落榜了。

严武：杜老弟，每天从早上起床开始就写写写，不累吗？

杜甫
> 写诗这件事,我很享受。

李白
> 学一下我,边喝酒边写不行吗?

贺知章
> 赞成,写诗应该是一种快乐。

杜甫
> 没办法,我只能用笨功夫。

严武
> @杜甫 头发都快掉光了。

杜甫
> 苦苦苦苦

一句话知识点

杜甫是有名的"诗痴",为了写一首诗,可以不眠不休。

王维：安静王子

1

王维，字摩诘。蒲州（今山西永济）人，祖籍在今天的山西祁县。

出名要趁早，王维做到了。

他出身于名门望族，祖上是唐朝望族太原王氏，祖父王胄是知名乐官。

史料中的他"风姿郁美"，刚出道就拥有万千粉丝。见过王维的人都说，这个人帅呆了。

即使他不会画画，不会写诗，他的英俊帅气也让人过目不忘。

一个人长得好看，总会帮他获得更多的机会。

特别是古代，没有完备的评价体系。在官场，很多人因外貌出众而被提拔。

可怕的是，王维和弟弟王缙还是学霸。

年轻的时候，他肩负家族重任，拼命读书，是妥妥的考试小能手，年纪轻轻就科举高中。

初入官场，热血喷涌，想建立一番功业。可是很快遭遇坎坷，逐渐对仕途灰心。

进入中老年后，基本上半官半隐。

这就是他的一生。

王维的性格，不是唐代诗人里最张扬的，也不是最悲怆的。

他的存在感比李白和杜甫要弱一些。但是，他的沉静内敛何尝不是我们这些普通人应该学习的？

事实上，很多人偏爱这位"诗佛"。

其实，王维也曾燃过，而且不是一般地燃。因为他认为自己的人生必然是成功的。

父亲姓王，母亲姓崔，这两个姓皆为唐代大姓。这个家族的年轻人，有骄傲的资本，也有压力啊。

王维14岁就闯荡长安，混圈子。20岁进士擢第，任大乐丞。可以说是出道即巅峰。

有那样的成绩，是他家世、才华、圈子，甚至外貌等综合实力的体现。

当然，还有机遇。

非常可惜，仅仅数月后他就被贬，说是被一大桶冰水浇了个透心凉都不为过。

那能怎么办？选择坚强呗，把自己的心层层包裹起来。

虽然我说话少，但是不代表我放弃了。

很多时候，沉默也是一种态度。

在唐代大诗人里，最能拿得起、放得下的，是不是王维？

2

还是谈谈王维的职业生涯。

职场新人王维的第一个职位,是大乐丞,也就是皇家音乐负责人。虽然级别只是从八品下,却是公众人物。

这也算继承了祖业。多年前,王维的祖父就曾担任这个职务(当时叫律协郎)。

一出道就是上流社会的宠儿,梦幻一般的开局。

但是,好景不长,王维就因为太乐署中伶人舞黄狮子事受牵累,被贬为济州司仓参军。按照当时唐朝的规矩,黄狮子舞的观众只能是皇帝一个人。

这是王维政治上的第一个劫。有人认为,这也是当时政治斗争的结果。

在过了一段隐居生活后,公元735年,在宰相张九龄的提拔下,王维重新开始仕途之路,官职是右拾遗。这时他已经是34岁"高龄"。

张九龄可不得了。他是西汉开国功臣张良的后人,就是写出千古名句"海上生明月,天涯共此时"的那位。

公元737年,刚正不阿的张九龄被奸臣李林甫排挤打击,被贬为荆州长史。

被张九龄提拔的人日子也不太好过。

当年，王维以监察御史身份出使凉州，并留河西节度使幕为节度判官。

在此后的十几年里，李林甫和杨国忠相继当权，朝政腐败，王维的进取之心与用世之志也渐渐被消磨掉，归隐田园之心越发强烈，过起了亦官亦隐、奉佛修行的生活。

公元755年，安史之乱爆发。公元756年，叛军攻陷长安，唐玄宗仓皇奔蜀。王维当时的职位是给事中，不算高。他来不及逃跑，被安禄山的军队抓获。

他不想在安禄山的伪朝廷里为官，就偷偷吃泻药，一天拉十几次。但是，安禄山不相信他有病，将他关押在洛阳的菩提寺，逼迫他就范。

好友裴迪来探望，谈起安禄山等人在凝碧池庆祝，逼迫被抓的宫廷乐工为其演奏一事，王维含泪赋诗。标题比正文还长。

菩提寺禁裴迪来相看，说逆贼等凝碧池上作音乐，供奉人等举声便一时泪下，私成口号，诵示裴迪

万户伤心生野烟，百僚何日更朝天。
秋槐叶落空宫里，凝碧池头奏管弦。

这首诗也被称为《凝碧池》。

王维：安静王子

后来，王维被迫接受伪职，职位还是给事中。

第二年，唐军收复长安、洛阳。因为写了《凝碧池》这首诗，再加上平叛有功的弟弟王缙愿意削官为兄赎罪，王维被从轻处分，降为太子中允，后来经过升迁，最终官至尚书右丞。

这几年是王维生命的最后时光。

对于自己担任伪职的事情，他一直耿耿于怀。

3

王维老师是中国山水田园诗的重要旗手。

对于大自然,他是一个善于发现,更善于表达的人。

山山水水,无处不在,历来疗愈人心。王维这样的高手,简直就是大自然最佳的翻译者。

看下面这首名诗。

山居秋暝

空山新雨后,天气晚来秋。

明月松间照,清泉石上流。

竹喧归浣女,莲动下渔舟。

随意春芳歇,王孙自可留。

这首诗的创作特点,是以自然美来表现人格美和社会美,它像一幅清新秀丽的山水画。

在贤相张九龄被奸臣李林甫排挤罢相后,本来一片赤诚的王维内心变得冰冷。

他觉得真正适合自己的,是山水。

几年的消极抵抗后,他开始过着半官半隐的生活。《山居秋暝》就是这一时期的杰作。

大词人苏东坡很喜欢王维的山水诗，评价说："味摩诘之诗，诗中有画；观摩诘之画，画中有诗。"

面对浊世，王维总是向往高洁的境界。

他在《济上四贤咏·郑霍二山人》中赞叹贤士的高尚情操，谓其"息阴无恶木，饮水必清源"。

这有着对山水的挚爱。

在《献始兴公》中，他又说"宁栖野树林，宁饮涧水流。不用坐梁肉，崎岖见王侯"。

这表达了对气节的坚守。

精神洁癖，可以说达到了一种境界。

王维的画的格调和境界也非常高。

据说有个人有一幅《奏乐图》，王维看后说："此是《霓裳羽衣曲》第三叠第一拍。" 好事者召集乐工验证，果真如此。

正因为王维多才多艺，是文学、绘画及音乐方面的天才，所以他能把各种表达方式综合起来，调动读者的感官。

他的诗，充满灵性；他的画，充满张力；他的音乐，亦淡亦远。总之，神韵十足。

在人类历史上，很少有这样一位全才，把山水田园诗写得这么静谧深邃又富有禅意。

这很容易让人想起王维的名字。唐代佛学盛行，王维的一生深受信奉佛教的母亲崔氏的影响。

王维的名字合起来是"维摩诘"，这与毗耶离城的一位大乘居士同名，意味着"净"。

据说他的名字是崔氏起的。

或许她希望自己的儿子一生洁净，不沾染世俗的尘埃。

王维：安静王子

你如果有100文钱，愿意拿50文给门口的乞丐吗？

100文全给他。

母亲崔氏

王维

4

王维年轻的时候，曾写过一首著名的讽刺诗，意在讽刺秦始皇大兴厚葬。

过始皇墓

古墓成苍岭，幽宫象紫台。

星辰七曜隔，河汉九泉开。

有海人宁渡，无春雁不回。

更闻松韵切，疑是大夫哀。

在他的人生中，边塞经历是一段特殊的仕途，因为他写出了热血的诗。边塞诗，顾名思义，主要是描写边塞风光和戍边战士的生活。

盛唐时期诞生了很多边塞诗人，如"七绝圣手"王昌龄，鼎鼎大名的岑参、高适、王之涣等。

边塞诗创作在唐朝盛行，与唐朝国力强盛、经济繁荣有关，也与当时统治者重视边疆功绩和社会风气有关。

众所周知，唐太宗李世民很能打，大唐的一大半江山都是他打下来的。

其实，他也很能写。《全唐诗》收录了李世民的多首边塞诗，

如《饮马长城窟行》《执契静三边》《辽城望月》等。

与军事、武功沾不上边的读书人王维一生两次前往边塞。

公元737年，河西节度使崔希逸袭击吐蕃，大获成功。王维以监察御史的身份前往边塞慰问，并留在那里担任节度判官。

久居中原的王维走向大漠，心境开阔了不少。

在那里，他感受到自己的渺小、天地的广袤。也是因为边塞工作经历，他写出了一辈子最豪迈的诗句。

——大漠孤烟直，长河落日圆。

——十里一走马，五里一扬鞭。

有人认为，边塞工作经历是他一生中最闪光的阶段。下面这首名诗，作于公元737年出使塞上之初。

观 猎

风劲角弓鸣，将军猎渭城。

草枯鹰眼疾，雪尽马蹄轻。

忽过新丰市，还归细柳营。

回看射雕处，千里暮云平。

风声疾劲，角弓弦鸣，将军驰骋射猎。草枯鹰眼更加锐利，雪化骏马蹄轻飞驰。他们瞬间穿过新丰,猎罢回到细柳军营。回望射雕之处,依然是暮云千里,一片低平。

一次普通的狩猎活动却被写得激情洋溢。是不是很有画面感?

不愧是有着非常高的视觉意识的唐代大诗人。

穿越的微信大剧场

< 　　　　　聊天信息（118）

王维　　裴迪　　孟浩然　　李白　　高适　　张九龄

歧王李范　玉真公主　唐玄宗　王昌龄　岑参　　＋

查看更多群成员 ＞

群聊名称	辋川的秋天 ＞
群二维码	＞
群公告	＞
备注	＞
查找聊天记录	＞
消息免打扰	🟢

退出群聊

辋川的秋天（118）

裴迪
既然摩诘先生是群主，大家都来夸夸他。

孟浩然
让我组织一下语言

孟浩然
玉树临风，仪表堂堂，英俊潇洒，风流倜傥，才貌双全，惊才风逸……

裴迪
天下没有谁能挡住他的微微一笑……

唐玄宗
@张九龄 宰相终于找到接班人啦。

王维

作为一个靓仔
我习惯了孤独

一句话知识点

王维是少有的内外兼修的男子,而张九龄的风度举止也为人们所称颂。

玉真公主
如果不是我,哪会有那么多人知道王摩诘?

歧王李范
妹妹挖掘了一个天才。👍👍👍

玉真公主
可惜他还欠缺点儿职场经验。

李白
@玉真公主 我与他，哪个更重要？

王维
然后呢？
你想表达什么？

李白
……🏺🏺🏺

孟浩然
虽然不愉快，但你们两个终于说上话了。

一句话知识点

玉真公主是王维的伯乐，李白与玉真公主颇有交情，但是李白和王维互相不理睬对方。

高适

雪净胡天牧马还，月明羌笛戍楼间。
借问梅花何处落，风吹一夜满关山。

王昌龄

秦时明月汉时关，万里长征人未还。
但使龙城飞将在，不教胡马度阴山。

岑参

北风卷地白草折，胡天八月即飞雪。
忽如一夜春风来，千树万树梨花开。

王维

我也来一首。

王维

单车欲问边，属国过居延。
征蓬出汉塞，归雁入胡天。
大漠孤烟直，长河落日圆。
萧关逢候骑，都护在燕然。

王昌龄

还得是你

岑参

美丽、宁静、寥廓、博大，真是享受啊！

岑参

尤其是"大漠孤烟直，长河落日圆"，真令人过目难忘。

裴迪

看见没有？这就是大佬！

一句话知识点

王维是写田园诗出身的，结果在边塞诗方面也成为巨星。

白居易：勇者无惧

1

有人说，杜甫从未年轻过。也有人说，白居易也是如此。

如果说杜甫的从未年轻是从他忧国忧民的诗中得来的，那么白居易的从未年轻，是因为传说中他立志苦读，少年白头，比同龄人老成许多。

跟很多读书人一样，白居易从小接受的是儒学教育。其祖父白锽做过县令，父亲白季庚曾任徐州别驾。

白季庚43岁才生下这个儿子，所以十分珍惜，培训班报了一个又一个。

白居易呢，也很有志气，很想整出点儿名堂来。

不知道为啥，小白从小就对文字很敏感。听说六七个月的时候，就能正确分辨"之"和"无"两个字。

是的，你没看错，是六七个月，一般小孩子在这个时候还在吃奶呢。

然后，他5岁就学作诗，9岁通晓声韵。再后来，他顺利成长为远近闻名的大神童。

少年白居易是有志向的。他立志苦读，读得口舌都生了疮，这也磨炼了他的意志。

不到16岁，白居易就出道了。看看他的成名作——

赋得古原草送别

离离原上草，一岁一枯荣。

野火烧不尽，春风吹又生。

远芳侵古道，晴翠接荒城。

又送王孙去，萋萋满别情。

白居易：勇者无惧

出生于早春的白居易对春天很有感觉。这首诗几乎所有的小学生都会背诵，抒发了作者对世间万物变迁的感慨。

一个不到 16 岁的少年，哪来那么多的感慨？

大家看到的景致都是一样的，但感觉完全不一样，白居易比很多人看得深，看得细。

这真是绝佳的出场。

据传，诗坛大腕顾况开他名字的玩笑：白居易，长安物价很贵，居住下来可不容易！但是，在看到他的诗后，顾况大赞他白居也易。

尽管一诗成名，但是白居易在长安的生活还是很艰难。毕竟大唐最不缺乏的，就是诗人。

要想出人头地，必须比别人写得更多，写得更好。白居易比很多人坚强，也更能吃苦。

他一生拒绝与他人同流合污，结果几进几出长安，曾辞职，

也曾被贬。

唐朝中后期,经过安史之乱的大唐虽然保住了政权,但政局混乱,宦官和节度使两派力量坐大。藩镇割据与宦官当权让唐王朝的统治岌岌可危,皇帝在很多时候是如同摆设般的存在。

面对这种形势,很多官员选择明哲保身。可是,颇有个性的白居易把两派都得罪了。

奇怪的是，虽然仕途上有波折，但他持续在政坛耕耘了40余年。跟李白、杜甫等"政坛小白"相比，他可以算是"职场不倒翁"了。

他的仕途历经8任皇帝，但他没有遭遇太大的风险，因为他一直做自己。

这里仅举一例，看看他是一个怎样有个性的人。

公元815年，宰相武元衡被某节度使派人刺杀，御史中丞裴度也受重伤。面对此事，很多官员怕引火烧身，干脆沉默。

此时，太子左赞善大夫白居易勇敢地站出来，主张朝廷火速缉凶。

因为越职言事，再加上对手王涯趁机落井下石，借他母亲去世大做文章，诽谤他不孝，老白被贬为江州司马。

可是他无怨无悔。就像很多诗人一样，当人生跌到谷底的时候，也是他精神摸高的时候。

被贬到江州后，他写出了传世名作《琵琶行》。

这首诗证明，白居易是长篇叙事诗的翘楚。多少人吟诵这首诗时，泪流满面，不能自已。

长诗写的是琵琶女，其实更是他自己。

看透现实后，满心"兼济天下"的白居易开始缓缓转向"独善其身"。

2

在漫长的岁月里，帮助白居易支撑下去的，是一众好友。其中感情最深厚的，当数元稹。

公元803年，白居易与元稹一起考上公务员，被任命为秘书省校书郎。

喜欢酒，也没有天天喝的！

晚上去喝酒吧？

这一职务级别不高，但很多唐朝大腕儿曾担任这个职务：杨炯、张说、张九龄、王昌龄、刘禹锡、李德裕、杜牧……

除了一同参加科考，成为一个单位的同事，他们还是一对志同道合、惺惺相惜的朋友。

在此后的近 30 年中，他们的人生起落很相似。

公元 828 年，由元稹编撰的二人酬唱诗集《因继集》成书。该集共 3 卷，白居易感叹"走与足下和答之多，从古未有"。

这感情，可以说比亲兄弟还亲了。

元稹去世后，白居易有次梦见自己跟元稹说话，醒来时泪流满面，写下了千古名句"君埋泉下泥销骨，我寄人间雪满头"。

除了元稹，白居易还与两个人的友情值得记录。

一是刘禹锡。

白居易与刘禹锡都出生于 772 年，两人初次在扬州见面时，都已经 50 多岁。

此前他们各有知己，元稹是白居易不可磨灭的回忆，柳宗元是刘禹锡午夜梦回的经常。

就是那次初见，激发了刘禹锡的小宇宙，他写了一首名诗《酬乐天扬州初逢席上见赠》。里面的金句"沉舟侧畔千帆过，病树前头万木春"，令无数读者拜服。

晚年的他们在一起旅游，喝酒，写诗，不亦乐乎。

他们的感情，如果从各自的诗中找一句来形容，应该是下面两句。

——同是天涯沦落人，相逢何必曾相识。(白居易《琵琶行》)

——人世几回伤往事，山形依旧枕寒流。(刘禹锡《西塞山怀古》)

二是李商隐。

在《唐诗三百首》中，从收录作品数量来看，排名前三的诗人是杜甫、王维、李白。作品数量排第四的，就是李商隐。

16岁的时候，李商隐迎来了一生中的重要时刻，他认识了比自己大41岁的文豪白居易。

两人彼此看着特别顺眼，经常在一起喝酒写诗。

公元846年，白居易走到了生命的尽头。据《唐才子传》记载，白居易很喜欢李商隐的文章，还表示"我死后，得为尔儿足矣"。

白居易死后数年，李商隐得一子，他满怀期待地给儿子取名"白老"。可惜白老文学细胞有限，对诗歌很不感冒。

3

如果让大家评选中国古代最勇敢的诗人,大家会选谁?

白居易应该能排进前三。因为他经常以文字为武器,批评社会现实,写了大量的讽喻诗。

在老白看来,写讽喻诗的目的,是发挥政治上的"美刺"作用。他的很多讽喻诗流芳千古。

比如《长恨歌》,表面看是讲述皇家恋情,其实是尖锐地批评了当权者的昏庸无道,这是盛唐衰落的根本原因。

白居易敢于批评,很重要的原因是他的素材是一手的,是亲眼所见,而不是道听途说。在创作《长恨歌》的时候,他就访谈了很多人。

除了强烈的个性,爱批评跟他的官职也有关系。

他曾担任左拾遗一职。左拾遗虽然品级不高,却掌供奉、讽谏,可以向皇帝报告不好的事情。

面对社会弊病,他谏诤于朝堂,诉诸诗文。《新乐府五十首》《秦中吟十首》,都是"为君、为臣、为民、为物、为事而作"。

他的笔下充满了对广大农民、被压迫妇女、出身低微人们的同情,对权贵、对社会黑暗则毫不留情。

他甚至敢对皇帝提意见。比如,《策林》中有一篇就是《人之困穷由君之奢欲》。意思是,如果人们的生活过得凄惨,那是因为皇帝太奢华,欲望太强。

在中国文学史上,如此大胆的人,还真的不多见。

白居易这类作品最杰出的代表,应该是下面这首。

卖炭翁

卖炭翁,伐薪烧炭南山中。
满面尘灰烟火色,两鬓苍苍十指黑。
卖炭得钱何所营?身上衣裳口中食。
可怜身上衣正单,心忧炭贱愿天寒。
夜来城外一尺雪,晓驾炭车辗冰辙。
牛困人饥日已高,市南门外泥中歇。
翩翩两骑来是谁?黄衣使者白衫儿。
手把文书口称敕,回车叱牛牵向北。
一车炭,千余斤,宫使驱将惜不得。
半匹红纱一丈绫,系向牛头充炭直。

很多人在学生时代背过这首诗,但是当时或许并不能感受到大写的白居易。

等年龄渐大,才慢慢理解了他的勇敢。

他不是没摔过跟头，可是他没有就此沉沦，更没有同流合污，而是在浓重的黑暗中，高昂起头，更加直率地表达自己。

这种表达，是属于白居易的表达。

这就是真正的勇士。

4

一方面，不少人讨厌白居易的直率和执拗；另一方面，有人深爱着他，欣赏着他。

比如唐宣宗李忱，这位皇帝曾写诗悼念白居易："缀玉联珠六十年，谁教冥路作诗仙。浮云不系名居易，造化无为字乐天。童子解吟长恨曲，胡儿能唱琵琶篇。文章已满行人耳，一度思卿一怆然。"

大体意思是，老白你火了60年，名闻大唐，连孩子都会背诵你的《长恨歌》，胡人也能唱《琵琶行》。你是我心目中的诗坛NO.1（排名第一）！我会时常想念你！

据说唐宣宗登基后想到的宰相人选，便是白居易。

眼看老白要创造一个新纪录，即以古代最著名的大诗人之

一的身份，登上宰相高位。

　　这可是他的前辈李白和杜甫心心念念一辈子的梦想。可惜，这个机会来得实在太晚了，因为白居易已经去世。

　　公元846年9月，他以74岁高龄在洛阳去世。

　　历史总是充满了遗憾。

　　我们今天可以看到3000多首白居易的作品，是因为他是一个特别喜欢收藏整理的人，很注重文字的留存。

穿越的微信大剧场

< 　　　聊天信息（389）

| 白居易 | 刘禹锡 | 白行简 | 元稹 | 薛涛 | 白季庚 |

| 顾况 | 唐宣宗李忱 | 王涯 | 湘灵 | 琵琶女 | ＋ |

查看更多群成员　＞

群聊名称　　　　　　　　　　　　　　　勇敢的心 ＞

群二维码　　　　　　　　　　　　　　　　　　＞

群公告　　　　　　　　　　　　　　　　　　　＞

备注　　　　　　　　　　　　　　　　　　　　＞

查找聊天记录　　　　　　　　　　　　　　　　＞

消息免打扰　　　　　　　　　　　　　　　　⬤

退出群聊

< 勇敢的心（389） ...

白季庚
@白居易 儿子，你还像以前那么拼吗？

白行简
大哥比以前更拼了。😭😭😭

白季庚
别太累，身体第一啊。

白居易
一点儿都不累！

白居易
学习使我快乐

一句话知识点

从来没有谁能随便成功，白居易的才华是建立在他的苦读上的。据说他读书十分刻苦，读得口生疮，手起茧。

元稹
"座中泣下谁最多？江州司马青衫湿。"每次读《琵琶行》，我的眼泪都哗哗的。

白居易
这要感谢@琵琶女 带来的灵感。

琵琶女
白老师写完这首长诗，心情好些了吗？

白居易
人生贵在坚持！✌✌✌

白居易

悲伤那么大，却还要保持微笑

一句话知识点

白居易的代表作之一《琵琶行》堪称"诗坛催泪弹"，引领叙事诗创作攀至新巅峰。

唐宣宗李忱
老白，听说你的梦想是做宰相。

唐宣宗李忱
来啊。

唐宣宗李忱
安排！

白居易

> 好消息来得太晚，幸福感也会减半。

唐宣宗李忱

> 怎么，不来？

白居易

> 幸福来得太晚，我已无福享受了！

唐宣宗李忱

心里有种莫名的悲伤

一句话知识点

作为唐代最著名的诗人之一，白居易差点儿当上宰相。

苏轼：将逆境踩在脚下

在中国文学史上，苏轼是罕见的全能式奇才。

苏轼的身份很多：词人、书法家、旅行家、美食家、水利专家、养生专家、优秀官员、社会活动家……

像他这么丰富的阅历，而且一学就精，在中华几千年的文明史上，是罕见的。

进入一个行业，就跟玩儿似的，还玩出了水平，玩出了境界。

值得一提的是，他还是一个生活家。

从某种程度上讲，他的才华是被逆境激发出来的。他最有名的作品，几乎都是在被贬的路上写就的。

1

1037年，苏轼出生于眉山（今属四川）。

通过查阅资料发现，这位大才子的外貌是中等个头，高额头，宽下巴，还有稀疏的胡子。

高额头据说是苏家的遗传。

他最值得称道的，是在面对逆境时，迸发出一种顽强的、匪夷所思的超能量。

他的家乡眉山给很多人印象最深的，是无边无际的竹林。

苏轼的一生，就像是竹子的化身。

每年三四月份，当地还会出现无数萤火虫。萤火虫成年后，一生都会发光。这也是苏轼最好的隐喻。

苏轼有超强的穿越黑暗的能力，之后千年，无数人被他的精神温暖。

苏轼也是考试达人，才20岁就一考惊人。

当时的文坛盟主欧阳修刚好是主考官。他觉得30年后没人记得自己，但是苏轼的文章会被传诵。

读了苏轼与苏辙制科考试的文章，宋仁宗抑制不住兴奋，觉得为儿孙得了两个好宰相。

苏轼一生的命运，因为这两位大咖的预言而定调。

那起点，不是一般地高。

你以为的极限，其实只是别人的起点。

苏洵

苏轼

爹爹，我感觉自己到了学习的极限了。

2

1079年，苏轼因其诗涉嫌攻击朝政，反对新法，被下狱数月。这就是有名的乌台诗案。

不过，很多人为他求情，其中包括一直看他不顺眼的王安石，还有太皇太后曹氏。宋神宗也只是想吓吓苏轼，所以顺水推舟，免其死罪，贬谪黄州。

当时的黄州还是个被称为"荒蛮之地"的偏僻小城。

谁也没想到，那里成了他的腾飞之地。他在那里放了"卫星"，让全天下的人看到了他。

无奈，是人生的注定；奋起，是苏轼的笃定。

一个人在仰望星空的时候，也要接地气，如此才能获得巨大的能量。

苏轼就是这样的。

之前他有些傲娇，也少有挫折，所以说话做事丝毫不考虑别人的感受。不知不觉中他得罪了很多人，就连他的老同学章惇、著名科学家沈括都与他过不去，整他的黑材料。

苏轼被贬黄州后，告别了许多应酬，也没有了乌台的绝望和迷茫。

其实，一个人在很多时候并不需要一个大舞台，只需要一个小角落。

　　苏轼整理心绪，与家人一起开垦黄州城东的一块坡地。因为他不种地就活不下去。他也有了一个"东坡居士"的号。

　　顶流文学家、明星官员苏轼，正式变身"苏东坡"。

　　种地之余，他充分打开自己：研究美食，钟情建筑，饲养家禽……

　　他天生是一个吃货，对于食材和烹饪方法，他是真的下了力气去研究的，结果他成了"北宋第一美食博主"。

苏轼：将逆境踩在脚下

听说沈括的学历非常高。

可惜我们不能成为朋友。

苏辙

苏轼

他干脆自称"老饕"。

每到一个地方,他都能发现好吃的东西。

独乐乐不如众乐乐。为了把快乐传递给更多人,他主动向朋友和陌生人介绍自己研制的食物。

以"东坡"命名的美食有几十种,包括东坡肉、东坡肘子、羊蝎子、梅菜扣肉等。

这个世界上,吃有3种境界,一是吃食物,二是吃心情,三是吃文化。

东坡先生3种占全了。

当然,更多的时候,他像一个传统的知识分子那样,读书,练字,写词。

不过,到黄州后,苏轼与朋友之间的来往少了很多。"黄州岂云远,但恐朋友缺。"这让爱热闹的苏轼感到了孤独。

但是,他马上找到了走出孤独的方法,那就是跟古人对话。他尤其爱东晋诗人陶渊明,那是中国第一位田园诗人,还因为太有个性,写过几封辞职信而闻名。

在给弟弟苏辙的信中,他说:"吾于诗人,无所甚好,独好渊明之诗。"

在某种程度上,陶渊明帮助苏轼形成了作品的宏大意境、穿透目光和豁达心胸。

古人之外,他还跟古迹深入聊天。

他访遍了黄州,赤壁是其中重要的一站。1082年,他在赤壁阅读,饮酒,划船。

不知不觉中,他看到了很多古人:周瑜、小乔、诸葛亮、刘备、曹操……

他泪流满面,写下了下面这首流传千古的词。

念奴娇·赤壁怀古

大江东去,浪淘尽,千古风流人物。故垒西边,人道是,三国周郎赤壁。乱石穿空,惊涛拍岸,卷起千堆雪。江山如画,一时多少豪杰。

遥想公瑾当年,小乔初嫁了,雄姿英发。羽扇纶巾,谈笑间,樯橹灰飞烟灭。故国神游,多情应笑我,早生华发。人生如梦,一尊还酹江月。

那一年,他还写了《赤壁赋》《后赤壁赋》。

在黄州,他进行了一番具有哲学意义的思考。

他认识到,人生是有缺憾的,没必要纠结。凡物皆有可观,处处皆有美好。《水调歌头·明月几时有》中的名句"但愿人长久,千里共婵娟",就是这种心情的真实写照。

慢慢地,他开始笑看人生,逐渐从郁闷茫然走向了豁达澄明。

3

苏轼是一个擅于经营生活的人。在他眼中，此心安处是吾乡。

所以，他每次被贬，不管是黄州，还是惠州、儋州，他都能很快喜欢上那个地方。

不愧是古今最懂生活的人之一。

为了抵御现实的严寒，他给自己修建了一条宽宽的人生"护城河"。

总结一下护城河里都有什么。

一是血缘亲情。苏轼对家人是极爱的。给夫人王弗留下了感人至深的"十年生死两茫茫，不思量，自难忘"，给弟弟苏辙留下了"明月几时有，把酒问青天"。

二是至交好友。他们中有老师欧阳修，有朋友陈季常、佛印和尚等。

三是美好的事物，包括美食、饮茶等。

四是写作、书法、画画等表露心迹的表达方式。

五是诸多养生方式，包括瑜伽、冥想等，连做梦他都在养生（白天通过回忆梦境来达到放松的目的）。

六是对百姓深深的爱。

苏轼确实是一个非常有人生智慧的人。

这里着重说一下第六点。他人生非常重要的底色，其实是一位优秀的官员。

他没有放弃过仕途，而且每到一地，都为当地百姓干了不少实事。

他两度在杭州为官，判官妓从良，领众灭蝗灾；治浚运河，疏浚六井；疏浚西湖，筑苏公堤；在拿出一部分办公经费的基础上，组织募捐建设安乐坊，他自己捐出50两黄金，建成的安乐坊被称为"中国最早的公立医院"。

在密州，他灭蝗赈灾，请求朝廷豁免赋税，组织捡拾弃婴，平定盗患，兴修水利，让百姓安居乐业。

在颍州，他经过实地考察，反复论证，上奏朝廷取消开挖八丈沟工程，被朝廷采纳，阻止了这项劳民伤财、有害无利的工程上马。

在徐州，面对洪水，他身先士卒，搭建小草屋住在城墙上，即使路过家门也不回，保全了徐州城。

在惠州，他虽然没有实权，但还是倡建东新桥，监建西新桥，在出力之余，还捐出皇帝赏赐的金腰带。

在儋州，他办学堂，传播中原文化，被誉为儋州文化的播种人；帮助百姓打了"东坡井"，解决百姓的饮水问题。

1071年除夕，他在杭州监狱值班，看到狱中的囚犯们悲伤不已：他们都是为了谋生存而轻微触犯了法律，谁能暂时把他们放回家，过个团圆年呢？想到自己无能为力，他顿时觉得愧对先贤。

这是中国传统士大夫的情怀所在，即为国家尽忠，为民众谋福利。

这种情怀，即使在人生最困难的时刻，他也没有放弃。

他的内心，一直有所期待。

4

苏轼为人纯净清澈，正直有大节，坚持自己的理想，反对新政让他不容于新党，不随波逐流又让他受到旧党的排挤，因此一生遭受很大的政治磨难，仕途曲折，历尽沉浮。

尽管生前坎坷，但是去世后，苏轼得到很多哀荣。

宋高宗对苏轼的人品和作品非常认可，追赠资政殿学士，任命他的孙子苏符为礼部尚书，后又追赠苏轼为太师，并追谥"文忠"。

历史已经告诉人们，苏轼的真正价值。

他是中华传统文化的集大成者，体内有李白的仙气、杜甫的地气、白居易的勇气，以及王维的静气。在独善其身、兼济天下两个方面，达到了罕见的高度统一。

时至今日，我们还是非常需要苏轼的精神（东坡先生的粉丝，真的很多很多）。

今天，我们有精神上的困惑，也很想请东坡先生跨越时空来给我们答案。甚至可以说，他是我们最佳的心理导师。

苏轼：将逆境踩在脚下

穿越的微信大剧场

< 聊天信息（457）

| 苏轼 | 苏洵 | 苏辙 | 王闰之 | 欧阳修 | 宋神宗 |

| 王安石 | 司马光 | 高太后 | 秦观 | 章淳 | + |

查看更多群成员 >

群聊名称　　　　　　　　　　安静干净过一生 >

群二维码　　　　　　　　　　　　　　　　 >

群公告　　　　　　　　　　　　　　　　　 >

备注　　　　　　　　　　　　　　　　　　 >

查找聊天记录　　　　　　　　　　　　　　 >

消息免打扰　　　　　　　　　　　　　　 ⬤

退出群聊

安静干净过一生（457）

苏辙：哥哥粉丝这么多，一般怎么打招呼？

秦观：我也想知道！

高太后：我也想知道！

苏轼：

一句话知识点

　　苏轼的朋友和粉丝遍天下，宋神宗的母亲高太后也是苏轼的粉丝，非常看重苏轼。

苏辙
@苏轼 那些害哥哥的人，是不是因为嫉妒？

苏轼
当然是，比如有个姓章的……

章惇
不会维持友谊

苏轼
你看！你看！

苏轼
说到某些人的痛处了
开始急了

一句话知识点

苏轼的才华和锋芒毕露的个性得罪了很多人，比如曾经的好友章惇。

王安石
群主就不能收敛一点儿?

苏轼
不能!

苏辙
宰相大人不要生气,回头我再给哥哥做做思想工作。

王安石
据本相了解,一些同事正在举报你。@苏轼

王闰之
被现实压垮

一句话知识点

　　苏轼一生历尽沉浮,跟他说话毫无顾忌也有关系。

陆游：爱国诗人

1

陆游可以说是宋朝最出色的诗人。

他是山阴（今浙江绍兴）人，出身于名门望族、藏书世家。

他的高祖陆轸做过吏部郎中，获赠太傅、谏议大夫；祖父陆佃师从王安石，官至尚书右丞；他的母亲唐氏也很有来头，是北宋副宰相唐介的孙女。

家中那么多有学问的人，陆游成长为著名诗人，也就不奇怪了。

他创造性地将文字运用到了极致，现存的9000多首诗都富有温度和生命。

在宋词的时代，有这么一位痴迷写诗的读书人，真的很宝贵。他似乎在向唐朝的诗人挑战。

活色生香的唐朝，诗人真的很多，整个王朝从上到下为他们疯狂。在某些时候，诗歌甚至模糊了阶层的界限。

比如李白曾去皇宫待了1年多，王维可以在玉真公主的别墅里住很长时间。白居易有好几个皇帝粉丝，甚至在他去世的那一年，刚登基的皇帝还想请他当宰相。

可以说是全民为诗疯狂。

到了宋朝，词的时代正式到来，读书人大都喜欢用词来表达内心的情感。

陆游也写词，但他的诗数量更多，质量更高。

先来看看他脍炙人口的一首诗。

游山西村

莫笑农家腊酒浑，丰年留客足鸡豚。

山重水复疑无路，柳暗花明又一村。

箫鼓追随春社近，衣冠简朴古风存。

从今若许闲乘月，拄杖无时夜叩门。

再看看他的其他名句。

——文章本天成，妙手偶得之。

——矮纸斜行闲作草，晴窗细乳戏分茶。

——纸上得来终觉浅，绝知此事要躬行。

——位卑未敢忘忧国，事定犹须待阖棺。

——僵卧孤村不自哀，尚思为国戍轮台。

一个爱憎分明又充满才气的陆游，好像就站在我们面前。

如果压缩时间来观察，陆游的诗作大致分为3个阶段。

早期，他一开始追求辞藻的华丽，后作品趋于清新拔俗，语言清新自然，格调流转圆美。

中期，他深感国家苦难，内心充满忧虑，创作力迸发，作品变得豪放悲壮。

后期，老去的陆游回归生命的本质，变得朴实淡远，作品里抒发的，往往是人生的苍凉和无奈。他像是在倾诉，高兴时写，悲愤时写，半醉时写，做梦时写。

陆游还给前妻唐琬写过一首非常有名的词。

钗头凤·红酥手

红酥手，黄縢酒，满城春色宫墙柳。东风恶，欢情薄。一怀愁绪，几年离索。错、错、错。

春如旧，人空瘦，泪痕红浥鲛绡透。桃花落，闲池阁。山盟虽在，锦书难托。莫、莫、莫。

是不是有一种刻骨的遗憾和悲伤？

众所周知，陆游很孝顺。他与唐琬成婚后，两人情投意合，琴瑟和鸣，非常恩爱。

但是，那段婚姻并不长久。陆游的母亲唐氏对儿子考取功名寄予厚望，在她眼里，才貌双全的唐琬是那个阻碍儿子仕途的人。

唉，女人何苦为难女人，何况两个女人都姓唐！

母命难违，陆游最终与唐琬分开。可是那种难受，一直郁积在他内心。

在诗词中，他多次表达对唐琬的思念与愧疚。终于，他用文字表达了自己，也释放了自己。

陆游之后，南宋文坛很难见到这样的深情和伤痛。

2

有人说，陆游是一位优秀的官员。

他家学渊源，这决定了他是一位忠诚的儒士。他家有个很大的图书馆，据说连皇帝都经常找陆家借书看。

陆家人有一个执念，即家里可以没有吃的米，但不能没有读的书。

读书的目的，一是丰富自己的精神世界，二是有更实际、更世俗的考虑，那就是历代读书人都在挤的科举独木桥。

陆游很小就有文学天赋，慢慢成了家族的骄傲。但是在科举这件事情上，陆游跟自己的很多诗坛前辈一样，走得并不顺利。

李白出生在商人家庭，按照当时的规定，根本没有资格参加考试。他只好通过干谒去抱大腿，抱来抱去还是一场空。

杜甫呢，连续落榜，这还算好的，连续落榜七八次的考生比比皆是。

"诗圣"最宝贵的一次考试机会，被当时的宰相李林甫给耽误了，后者为了营造虚假的繁荣，竟对唐玄宗说"野无遗贤"，当年的录取率为0。

陆游的遭遇也很让人生气，他在临安参加锁厅考试时遭遇一代大奸臣秦桧的孙子秦埙。

当时陆游已经28岁，不年轻了。本来他位居第一，但是这也成了他的罪过，因为他比秦埙的名次高。结局可想而知——落榜。

第二年，不甘心的陆游参加礼部考试，结果继续落榜，因为他已经被秦桧盯上了。只要秦桧在一天，他就不可能上榜。

这可真是郁闷。

一直到秦桧去世后，陆游才入仕途，任福州宁德县主簿。那一年，他已经33岁。

他是一个很有自我意识的官员，不太喜欢趋炎附势，也不喜欢拍马屁，所以跟很多前辈一样，他经常坐冷板凳，有机会也轮不到他。

也可以说，在很多时候，他跟一些无关紧要的、形同赋闲的职位有缘。

他曾任福州宁德县主簿、敕令所删定官、镇江府通判等职。

真正的好诗人，一般也是好官员，不然他们写不出那么优秀的作品。

什么叫优秀作品？一定是有境界有格局有胸怀的，是接地气的，是说真话的。

当然最重要的，是热爱百姓的。

陆游就是一位难得的好官员。

这里仅举一例。1180年，江西遭遇水灾，时任江西常平提举的陆游号令各郡开仓放粮，并亲自发放粮食，同时上奏朝廷请求赈灾。

这本是一心为民的善举，却被给事中赵汝愚弹劾，说他自作主张，越于规矩。

因为这事，陆游辞官还乡。

那样的官场，不待也罢。

3

北伐，是陆游一直心心念念的事情。不管是"泪溅龙床请北征"，还是"铁马冰河入梦来"，都说明他是一位不折不扣的战士。

1125 年，陆游出生在父亲奉诏入京的船上。也就是在这一年，金军第一次大规模攻宋。

他的父亲陆宰是一名主战派官员。

受家庭影响，陆游从小就树立了杀敌报国的壮志，喜欢研究兵书。

后来，宋朝的都城汴京（今开封）在 1127 年变了天。靖康之变让北宋灭亡，也让百姓遭殃。

汴京被洗劫一空，宋徽宗和宋钦宗被掳往北方。

兵荒马乱的年代，陆游一家还算是幸运，他们终于逃回老家山阴。

1129 年，陆游 4 岁，金军渡江攻打南宋，南宋皇帝南逃，陆游的父亲又带着他来到东阳。后来战事稍缓，陆游一家才逐步安定下来。

家国不幸，长期的颠沛流离，给陆游的心灵留下难以磨灭的印记。

后来，陆游毕生以抗金为最高人生理想，有几人能懂？

岳飞的尽忠报国，刻在背上；而他的，刻在心里。

可以想象，当他47岁（1172年）第一次亲临前线时，内心是多么兴奋。

他很感谢王炎的邀请，圆了他年少时的梦想，虽然那段军旅生活只有短短的8个月。

那是1172年，陆游入王炎四川宣抚使幕，权宣抚司干办公事兼检法官。

王炎的幕府聚集了很多与他志同道合的人，包括张季长、阎苍舒、范西叔、高子长等。

陆游的任务，是制订驱逐金人、收复中原的战略计划。他废寝忘食地写了一篇《平戎策》，提出"收复中原必须先取长安，取长安必须先取陇右"。

对于北伐，陆游是非常坚定的。

他多次到骆谷口、仙人原、定军山、大散关等前方据点和战略要塞调研、巡逻。

但是，理想很丰满，现实很骨感。

那年10月，朝廷否决了《平戎策》，王炎被调回临安，陆游也返回成都，北伐计划毁于一旦。

那个时候的陆游，还是一位打虎英雄。

据说他有两次打虎经历。《十月二十六日夜梦行南郑道中既觉恍然揽笔作》就记载了其中的一次："耽耽北山虎，食人不知数。孤儿寡妇雠不报，日落风生行旅惧。我闻投袂起，大呼闻百步，奋戈直前虎人立，吼裂苍崖血如注。从骑三十皆秦人，面青气夺空相顾。"

虽然不能在战场上痛击金兵，但是在生活中遇到老虎时挺身而出，痛打老虎，这也是陆游战斗精神的写照。

出身书香门第的陆游的打虎故事并不出名，对其真实性，

陆游：爱国诗人

史弥远

难道眼睁睁地看着它吃人？

当心！有猛虎出没！

你等着，我要弹劾你杀害野生老虎！

陆游

也有人表示质疑。大家更愿意认为，陆游内心更想射杀的，是占领宋朝土地的金兵。

他一生力主抗金，从未放弃自己的理想，所以他与辛弃疾、范成大等爱国人士来往密切。

与辛弃疾一样，陆游喜欢通过文学作品表达对国家命运的关切。"早岁那知世事艰，中原北望气如山"就是他心情的写照。有了他俩的存在，南宋文坛不寂寞。

1207年底，奸臣史弥远发动政变，杀害主张抗金的南宋权相韩侂胄，与金朝签订屈辱的"嘉定和议"，北伐最后的火苗熄灭了。

也是在那一年秋天，辛弃疾离世。

两年多后，陆游的生命也走到了尽头。弥留之际，他留下了人生最后一首诗——《示儿》。

示儿

死去元知万事空，但悲不见九州同。

王师北定中原日，家祭无忘告乃翁。

一直到去世，他心里装的都是北伐。

虽然一生充满曲折与坎坷，但他始终坚持自己的文学追求与家国情怀，用笔墨书写着对国家的热爱与忧思。

穿越的微信大剧场

< 聊天信息（318）

| 陆游 | 唐琬 | 赵士程 | 宋高宗 | 宋孝宗 | 李清照 |

| 秦桧 | 史弥远 | 岳飞 | 辛弃疾 | 韩侂胄 | + |

查看更多群成员 >

群聊名称　　　　　　　　　　　　北伐北伐北伐 >

群二维码　　　　　　　　　　　　　　　　　 >

群公告　　　　　　　　　　　　　　　　　　 >

备注　　　　　　　　　　　　　　　　　　　 >

查找聊天记录　　　　　　　　　　　　　　　 >

消息免打扰　　　　　　　　　　　　　　　 ◯

退出群聊

北伐北伐北伐（318）

陆游

> 40岁的时候，无法淋一场20岁的雨，就算你跑到雨中，也无法找到陪伴你的人。

唐琬

> 好令人感动的文字。

陆游

> 有些东西趁还来得及，就别在原地发呆。

唐琬

> 🏺🏺🏺

赵士程

> 我是不是不该在这个群？

一句话知识点

陆游一直对唐琬念念不忘，两人还互留词作。唐琬的第二任丈夫赵士程对唐琬也非常好。

秦桧
> 想不通，为什么那么多人喜欢打仗！

秦桧
> 打仗是会流血，会死很多人的。

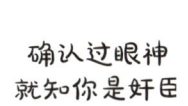

陆游
> 确认过眼神
> 就知你是奸臣

岳飞

楼上高见

一句话知识点

在南宋，主和派与主战派水火不容。他们在朝堂上一直争论不休。

宋高宗
为什么在朝堂上,大家都很热爱和平。

宋高宗
在聊天群里就原形毕露了。

秦桧
他们只敢在聊天群里喷。

陆游
其实大家都不喜欢你
都在等你退群

辛弃疾
我们要真正的和平。

一句话知识点

陆游是伟大的爱国诗人,但是在主和派占据主流的南宋朝堂,他并不受欢迎。

辛弃疾：左手拿剑，右手执笔

1

要说最能打仗的词人、写词最好的武将，那非南宋著名爱国词人辛弃疾莫属。

辛弃疾，生于1140年，卒于1207年，享年67岁。

他出生的时候，前辈苏东坡已去世近40年，李清照阿姨正在杭州苦熬晚年。

宋词呼唤新一代旗手。

高颜值的辛弃疾扛起了这一重任。他与苏轼并称"苏辛"，与李清照并称"济南二安"。

辛弃疾原字坦夫，后改字幼安，号稼轩，历城（今属山东济南）人。

这位大咖在中国文学史上是一个独特的存在，因为他兼有军人和文人的身份。

李白曾自诩剑客，先不论他说的是否真实，就算是真，他实际上离战场也挺远。

陆游一生最想做的事就是上战场，但他只在前线待了几个月，还是文职人员，连敌人的影子都没见到。

辛弃疾的出场，是伴随着抗金开始的。确切地说，与打击叛徒有关。

故事发生在1161年的济南。

那一年，金朝皇帝完颜亮率兵南下，对南宋发起全面进攻。这次，金朝人似乎铁了心要灭了南宋。

辛弃疾聚集了约2000人，投奔山东农民义军领袖耿京。他任掌书记。

但是，有个叫义端的僧人叛变潜逃，并偷了义军的帅印。辛弃疾憋着一股气，一路直追，决不放弃，最终将其斩首。

这样的出场令人血脉偾张。铁血的小辛一战成名。

辛弃疾从小生活在金朝，心中早有恢复中原的志向。他很有敌情观念，很想跟金兵打一场硬仗。

在金军南下后不久，带头大哥完颜亮在内部矛盾中被杀。

1162年，义军内部出现重大变故，耿京被一个叫张安国的叛徒杀害，张安国投降了金朝。

自古以来，叛徒是最为人所不齿的。正在出差归途中的辛弃疾得知消息后，决定独闯金营，活捉张安国。

很多人劝他不要那么做，羊入狼群，结果可想而知，很多人连想都不敢想。

固执的辛弃疾偏向虎山行。

他只带了50名骑兵，闯入拥有5万人的金营，活捉了张安国，并摆脱追兵，将其绑到临安。最后，张安国被斩首示众。

这很像小说中虚构的故事，但是这是真事。

这件事轰动南宋朝野。南宋文学家洪迈在《稼轩记》中这样讲述这一非凡壮举："壮声英概，懦士为之兴起，圣天子一见三叹息……"

后来，辛弃疾回忆起年轻时的往事，写下"壮岁旌旗拥万夫，锦襜突骑渡江初"。

对于这样的英雄，800多年后的我们应该致以最崇高的敬意。

2

自古以来，能打的武将很多没有好结果。

这似乎是一个怪圈。有一句话叫不要让英雄流血又流泪，但是这样的场面在历史上经常发生。在南宋那个朝代，尤其如此。

大家应该都知道岳飞元帅是如何冤死的。

岳飞于 1142 年被害，当时辛弃疾不满两岁。后来，他从爷爷和父亲那里听了很多关于岳飞的故事，心非常向往之。

但是，他只能是壮志难酬。

因为当时南宋朝堂的主调，是交钱议和，是委曲求全。辛弃疾这样的主战派怎么会受到重用呢？

他愿意等，毕竟才 22 岁。但他完全没想到，这一等就是几十年。

他在南归后，被任命为江阴签判。他向宋孝宗上《美芹十论》，向宰相虞允文上《九议》，提出自己的抗金方略。但是，他的满腔热忱并未得到回应，朝廷并未采纳他的意见。

这让辛弃疾非常郁闷。能支撑他走下去的，一是自己的内心，二是朋友的温暖。

1188 年，辛弃疾与好朋友陈亮约一代大儒朱熹到铅山一聚，聚会主题当然离不开北伐，离不开国家统一大业。

当这一年冬天来临的时候，陈亮如约前来，这让他非常激动。

遗憾的是，朱熹没有来，放了两兄弟的鸽子。

这次"辛陈之晤"将"英雄与理想"阐述得非常透彻。两人对酒当歌，畅谈理想，却因报国无路而涕泪长流。

两人畅聊了10天，分别时依依不舍。辛弃疾在陈亮走后，甚至想把他追回来，无奈天寒地滑江面封冻不能如愿，于是以一首《贺新郎》写尽两人的志同道合、友情深厚。

而他在回应陈亮的词《贺新郎·同父见和再用韵答之》中，用"男儿到死心如铁"道出了两人共同的心声。

抗金之心非常坚定，让人感动。

在主和派占据主流的南宋朝廷，辛弃疾注定不受很多人待见。1181年，他因为政事触动了某些人的利益，被弹劾"用钱如泥沙，杀人如草芥"。最终，朝廷撤销了他的一切职务。

辛弃疾跟很多官员不一样，他认为应该严格管理的是官吏。他对下属非常严厉，史料对此的记载是"轻以文法绳下，官吏惴栗，唯恐奉教条，不逮得遣"。下属们战战兢兢，生怕工作不到位被追究责任。

3

辛弃疾的志向是驰骋天下，恢复中原，但是历史跟他开了一个玩笑，他以"南宋著名爱国词人"著称于世。

就像唐朝诗人很多一样，宋朝的词人也有很多很多。

在他之前，有柳永、晏殊、欧阳修、苏轼、李清照等大咖，好像题材都被他们写完了。

辛弃疾武将出身，有着传奇的经历，他的文学创作必然有自己独特的风格。

既然朝廷主和，大家没有机会奔赴疆场，为国尽忠，那就将手中的利剑换成软笔。

他的词，很多与北伐有关。

宋代词人的豪华阵容里有辛弃疾，是幸运的。他写作的题材非常广泛，而且没有固定范式，后人称他为"词中之龙"。

《破阵子·为陈同甫赋壮词以寄之》，是写壮志难酬的。"醉里挑灯看剑，梦回吹角连营。八百里分麾下炙，五十弦翻塞外声。沙场秋点兵。马作的卢飞快，弓如霹雳弦惊。了却君王天下事，赢得生前身后名。可怜白发生。"

《水龙吟·登建康赏心亭》，是写心中愤懑的。"楚天千里清秋，水随天去秋无际。遥岑远目，献愁供恨，玉簪螺髻。落日楼头，断鸿声里，江南游子。把吴钩看了，栏干拍遍，无人会，登临意。"

《清平乐·村居》，是写生活情趣的。"茅檐低小，溪上青青草。醉里吴音相媚好，白发谁家翁媪？大儿锄豆溪东，中儿正织鸡笼。最喜小儿亡赖，溪头卧剥莲蓬。"

《青玉案·元夕》，是写人生理想的。"蛾儿雪柳黄金缕，笑语盈盈暗香去。众里寻他千百度，蓦然回首，那人却在，灯火阑珊处。"

清人黄梨庄说："辛稼轩当弱宋末造，负管、乐之才，不能尽展其用，一腔忠愤，无处发泄……故其悲歌慷慨、抑郁无聊之气，一寄之于其词。"

纵观辛弃疾的一生，他是用生命在写词。而他的词作，是他生命与生活的真实写照。

4

对于战场，辛弃疾一生都是向往的。晚年的他也想穿上铠甲去杀敌。

1203年，已经63岁的他似乎看到了理想的曙光。当时的权相韩侂胄准备北伐，起用主战派人士。这位白发老者被任命为知绍兴府兼浙东安抚使。他兴奋地前往上任。第二年，他被任命为知镇江府。

辛弃疾似乎回到了40多年前的抗金前线。

此时的他不仅勇猛，而且有智慧。对于北伐，他提了很多中肯的建议。

比如，他建议不要轻率出兵，虽然金朝"必乱必亡"，但是收复失地需要长时间的准备。轻敌冒进，很有可能失败。

可是，韩侂胄北伐更多的是为了巩固自己的政治地位。对于他来说，起用辛弃疾，更多的是利用他主战派元老的身份号召北伐。

对于辛弃疾的建议，他没有放在心上。

这让辛弃疾深感失望。他写下了一首著名的词，即《永遇乐·京口北固亭怀古》。

永遇乐·京口北固亭怀古

千古江山，英雄无觅，孙仲谋处。舞榭歌台，风流总被，雨打风吹去。斜阳草树，寻常巷陌，人道寄奴曾住。想当年，金戈铁马，气吞万里如虎。

元嘉草草，封狼居胥，赢得仓皇北顾。四十三年，望中犹记，烽火扬州路。可堪回首，佛狸祠下，一片神鸦社鼓。凭谁问：廉颇老矣，尚能饭否？

这首词，有豪壮，有悲情，有信念，有担忧。满满的爱国情。

辛弃疾是有自己的原则的。1205年，他又因谏官攻击被降职，但是他推辞不就职，回到铅山。

对辛弃疾的建议置若罔闻的韩侂胄也付出了代价，他的高调冒进的北伐接连受挫，南宋朝廷处于内忧外患之中。

这时他又想起了辛弃疾，虽然开出兵部侍郎的职位，但是辛弃疾还是没有看到韩侂胄真正用他抗金的心，于是坚决拒绝了这个职位。正如他后来所说，侂胄岂能用稼轩以立功名者乎？稼轩岂肯依侂胄以求富贵者乎？

辛弃疾与韩侂胄总归不是一路人。

他也明白，此生或许再也没有机会北伐了。于是，他再次开启自己的隐居生活。

隐居生活的重要内容，就是写词。

正因为有了文字，辛弃疾的晚年才不寂寞。与陆游、姜夔等朋友的交往，也给了他一些慰藉。

但是，在他去世的那一年，也就是1207年秋，朝廷居然又想起了他。确切地说，是韩侂胄又想起了他。

这次韩侂胄可以说是很有诚意，虽然他的动机依然是为了自己，因为与金人议和，对方开出的条件之一就是取他的性命。

这次任命的职务是"枢密院都承旨"，这是最高军事领导机关里的一个重要职务。如果这个任命早几年下达，辛弃疾或许可以实现指挥南宋军队与金兵作战，成为运筹帷幄、决胜沙场的将军的人生理想。

可惜他已重病在身，无力履职。

他在病榻上写了人生最后一首词——《洞仙歌·丁卯八月病中作》。

洞仙歌·丁卯八月病中作

贤愚相去，算其间能几。差以毫厘缪千里。细思量义利，舜跖之分，孳孳者，等是鸡鸣而起。

味甘终易坏，岁晚还知，君子之交淡如水。一饷聚飞蚊，其响如雷，深自觉、昨非今是。羡安乐窝中泰和汤，更剧饮，无过半醺而已。

这首词平淡质朴，有着辛弃疾对自己一生的感悟与总结。

不能驰骋疆场、上阵杀敌，是他一辈子的遗憾。这个遗憾，他注定要带到坟墓里。就是在生命最后的时刻，他想的依然是"杀贼"。

如果给他一个机会，他会对我们说什么？会不会是下面的两段文字呢？

"我的故事和志向,点点滴滴都在文字里。你们认真读,就能读懂我!"

"希望看到这些文字的人,在生活中能够勇敢一些、笃定一些。"

辛弃疾:左手拿剑,右手执笔

"金戈铁马,气吞万里如虎……"写得太帅了!

姜夔

现在只能写最猛的词,做最怂的事。

辛弃疾

穿越的微信大剧场

< 聊天信息（320）

| 辛弃疾 | 辛赞 | 陈亮 | 陆游 | 朱熹 | 范成大 |

| 李清照 | 王蔺 | 姜夔 | 韩侂胄 | 宋孝宗 | + |

查看更多群成员 >

群聊名称	山河好美，我好帅 >
群二维码	>
群公告	>
备注	>
查找聊天记录	>
消息免打扰	〇

退出群聊

山河好美,我好帅(320)

宋孝宗
> 在国事上,大伙一定要听招呼。

朱熹
> 好的,陛下。

韩侂胄
> 好的,陛下。

辛弃疾
> 那北伐到底怎么办?

宋孝宗
> 多年前,朕不是没努力过。

宋孝宗
> 这么多年了,辛卿还念念不忘!

辛弃疾

汝猪
我心永恒！

一句话知识点

辛弃疾是坚定的主战派，恢复中原是他一生的理想。

辛弃疾
据我了解，群里赞成北伐的人很多。

王蔺
我听陛下的。

韩侂胄
我也听陛下的。

辛弃疾 
@陆游 陆老师你怎么看?

陆游

挠大了头

辛弃疾 
咱们都说好的,难道你反悔了?

陆游
我肯定支持你,只是表态没有什么用。

一句话知识点

陆游与辛弃疾是好朋友,他们主战派的立场一致。

陈亮：老辛,别白费力气了。

陈亮：没事还是喝喝酒,写写词吧。

辛弃疾：老弟,我前天写了一首。

陈亮：快发出来看看。

辛弃疾：

　　老大那堪说！似而今元龙臭味,孟公瓜葛。我病君来高歌饮,惊散楼头飞雪。笑富贵千钧如发。硬语盘空谁来听？记当时只有西窗月。重进酒,换鸣瑟。

　　事无两样人心别。问渠侬神州毕竟,几番离合？汗血盐车无人顾,千里空收骏骨。正目断关河路绝。我最怜君中宵舞,道男儿到死心如铁。看试手,补天裂！

辛赞 
孩子，这词写得真好。

范成大 
我怎么这么喜欢这首词。

韩侂胄 
实名点赞！！！

陈亮 
炸裂！！！

陈亮
无赞可赞

一句话知识点

　　陈亮与辛弃疾都是热血男子，两人的友谊可以说刷新了男人友谊的新高度。

越聊越有趣的中国史，下册聊聊不世名将。